學男子
Bungaku Danshi

前言

但丁在著作『神曲』中寄託的「戀情」是？
早熟的天才・韓波在『地獄一季』裡，宣告分手的交往對象是？
對已婚男性一見鍾情的柯波帝，在情人家族的公開認可下度蜜月!?

看吧，過去這些只聞其名，卻沒讀過的書與作家們
是不是越來越有趣了呢！

如果妳想要瞭解作品，也想要瞭解更多作家們的事蹟，
推薦這本書給妳！
在介紹作品的同時，也涵蓋了作家們的人性部分！
其中也有一些讓人揪心的軼事……？
只要閱讀本書，一定會讓妳馬上就想閱讀這些著作！

來吧，享受與文學家們共度的光陰吧……。

※插圖是經影像化後的文學家性格與生涯。與文學家實際的相貌相異。

目次

「文學家介紹」的閱讀方法

❶ 生涯……………………………… 說明作家度過什麼樣的人生。

❷ 相關關鍵字……………………… 精選與作家相關的字彙。
方便利用網路等等方式搜尋。

❸ 全身圖…………………………… 將作家的個性與生涯影像化。

❹ 萌事……………………………… 介紹可以了解作家人性部分的軼事。

❺ 4格漫畫 ………………………… 根據作家生涯發生過的軼事、
以及與作品相關的題材畫成4格漫畫。

❻ 4格漫畫短評 …………………… 4格漫畫的補充文。說明題材的史實等等。

❼ 迷你作品傾向解說……………… 解說作家著作的作品傾向。

❽ 著作介紹………………………… 從作家的代表作當中，介紹已出版的書籍。

❾ 作品介紹………………………… 用插畫介紹作家的代表作。
可以了解精彩情節與少女的萌點。

※請注意4格漫畫、迷你漫畫人物說明有部分與史實相異。

文學家介紹
BungakushaShoukai

但丁・阿利格耶里

被譽為「義大利文學史上最偉大的詩人」、「文藝復興的先驅」的詩人、哲學家、政治家。詳細的經歷至今不明，從他的詩中可以瞭解他的生平。據說他在56歲時，以外交使節的身份前往威尼斯，於途中死於瘧疾。

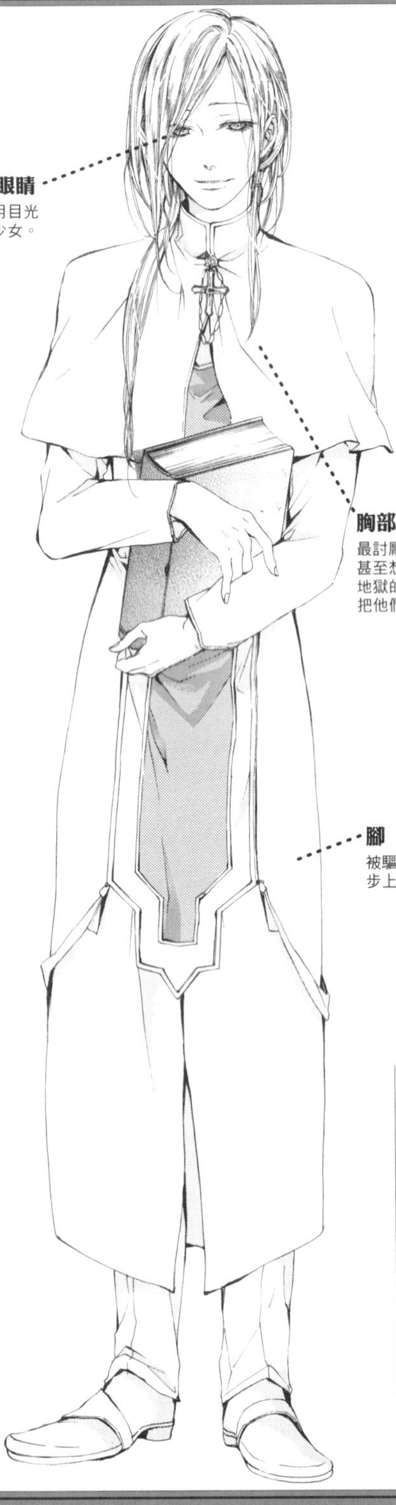
眼睛
總是用目光追逐最愛的少女。
胸部
最討厭同性戀！甚至想用地獄的業火把他們燒光。
腳
被驅離佛羅倫斯，步上流浪人生。

本名 但丁・阿利格耶里

生卒年 1265年～1321年

出生地 義大利 佛羅倫斯

相關關鍵字 佛羅倫斯、義大利文學、文藝復興、神曲、貝德麗采、新生、地獄之門、瘧疾、拉溫那

迷你萌事！

但丁在九歲的時候，對同年的女孩貝德麗采一見鍾情。也許是對她太著迷了，但丁在作品『新生』中，寫下對她的戀愛心情。雖然但丁擅長用言語來表現感情，一旦與她見面卻總是動搖，甚至還被身邊的人嘲笑。儘管如此，但丁還是持續戀慕著她，即使是在貝德麗采死後才寫的『神曲』中，還是讓她登場當天使。

illustration 乾みく

『神曲』

描寫主角但丁遊歷地獄、
天堂故事的敘事詩

本書是出了名的厚。
也許大家會覺得門檻似乎很高，
其實不用擔心這個問題。

故事內容簡單的說，
是不小心在森林裡
迷路的但丁先生
在古代詩人
維吉爾的引導之下
歷經地獄、煉獄、
天堂等死者世界的故事。

死者的世界這個非現實的稱謂
就像是一個用想像列舉出來的甜點似的…
特別要請大家關注的是**維吉爾美好的引導姿態。**
再怎麼說，他要當一個才剛進森林就迷路的迷糊鬼的嚮導……
肯定不輕鬆。

尤其是煉獄篇第27歌…

回答不斷發問的但丁…

照護昏迷的但丁…

到了最後，必需通過火焰之路才能前往天堂
但是但丁嚇得動彈不得

◀『怎麼了？你想要留在這裡嗎？』
維吉爾竟然自己先投身於火焰之中，
引導但丁到天堂!!

而且自己是生於天主教之前的人類，所以設定中他沒辦法上天堂。
儘管只有但丁才能上天堂，他還是犧牲自己將但丁送出去。但丁到了天堂，
還哭著回憶起他男子氣概十足的引導…『神曲』，是個讓人忍不住想閱讀的故事。

米格爾・德・賽凡提斯

儘管是外科醫生的次子，年幼時期就過著貧困的生活，四處為家。歷經軍人、俘虜生活、入獄等等高潮迭起的人生。雖然已經是個成功的文學家，生活依然很困苦。於69歲時病歿。

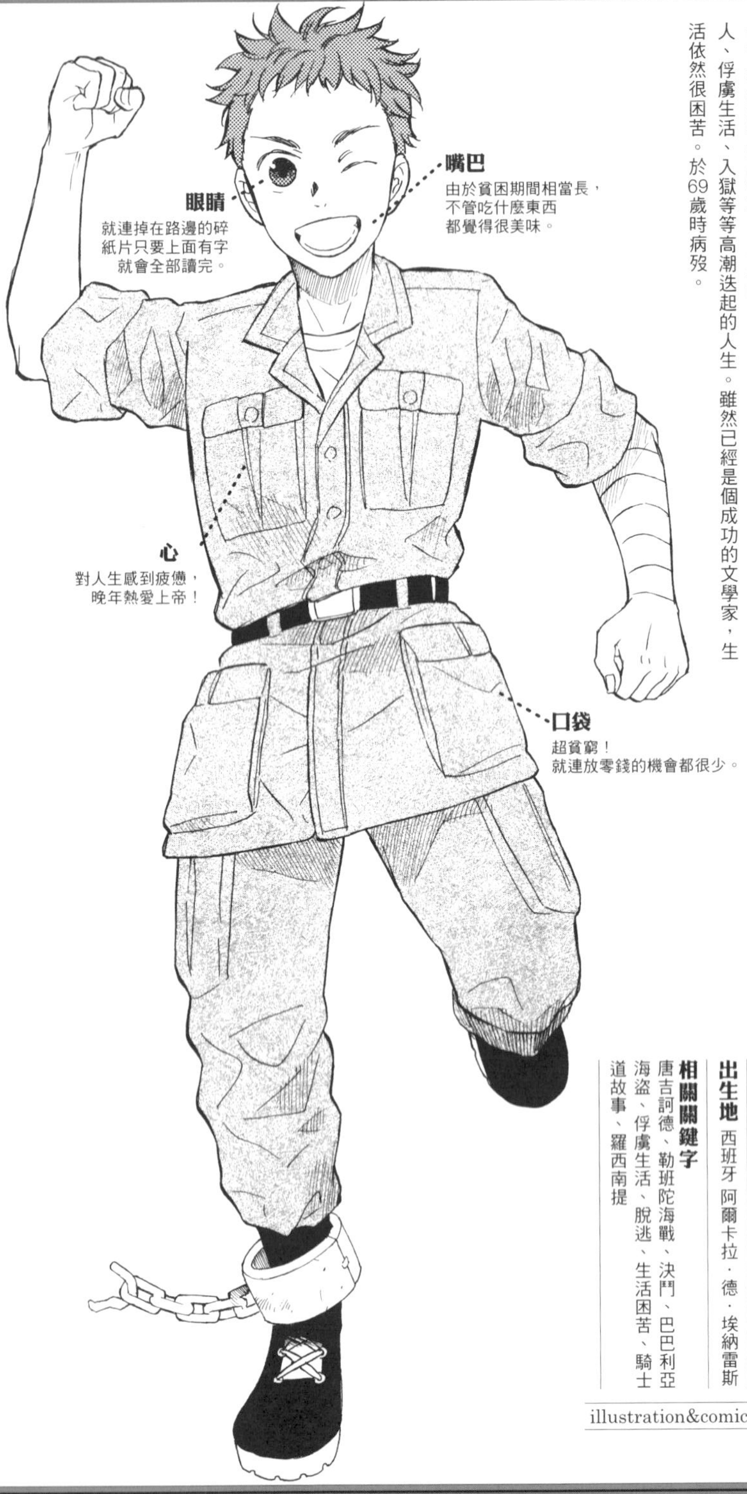
嘴巴
由於貧困期間相當長，不管吃什麼東西都覺得很美味。
眼睛
就連掉在路邊的碎紙片只要上面有字就會全部讀完。
心
對人生感到疲憊，晚年熱愛上帝！
口袋
超貧窮！就連放零錢的機會都很少。

本名 米格爾・德・賽凡提斯

生卒年 1547年～1616年

出生地 西班牙 阿爾卡拉・德・埃納雷斯

相關關鍵字 唐吉訶德、勒班陀海戰、決鬥、巴巴利亞海盜、俘虜生活、脫逃、生活困苦、騎士道故事、羅西南提

illustration&comic D・キッサン

宛如小說般高潮迭起的人生！被海盜所擒的逃獄風雲！

因決鬥被逮捕，欠錢不還而入獄，愛上有夫之婦，和比自己小十八歲的女性結婚，賽凡提斯過著宛如『唐吉訶德』般浪漫的人生。也曾經數次投效軍隊。二十四歲時胸部與手腕受到槍擊，導致一輩子都無法再使用左手。

在他的人生中，最戲劇性的就是結束義大利的軍旅生活後，返回西班牙的途中，受到海盜襲擊，被囚禁五年的事件吧。一心想要回國的賽凡提斯煽動俘虜們，策動四次的脫逃計劃，卻屢次失敗。每次失敗時，他都為了展現男子氣概，表示「一切都是自己的責任」，因而受到嚴刑處罰，最後總算獲得釋放，平安回到西班牙。

賽凡提斯本人表示，包含他在內的西班牙俘虜們，雖然遭到囚禁，卻還有相當的自由。當時，只要脫逃，就算被處死刑也不為過。然而儘管賽凡提斯身為脫逃計劃的主使者，每次被捕時都受到寬容的處置，並沒有被殺。從這件事可以得知，西班牙俘虜們並沒有受到殘酷的對待。

喂，馬迪奧，反正很閒，來編一個「了不起的故事」吧！
了不起的故事——？
首先像是我們是情侶之類的，
咦咦!?
但是看守人想要橫刀奪愛…
蛤!?
ゴクリ…
被吸引了
然後呢？我們後來會怎樣？
最後我終於打倒看守人，悄悄潛入你的單人房然後…
快點睡！你這個變態！
ガチャン
くうぅう

回國之後，賽凡提斯從事徵收稅金的工作，有人懷疑他竄改帳簿，挪用公款。再加上他存稅金的銀行破產，因而背負龐大的欠款，被捕入獄。他在入獄時構思『唐吉訶德』，這件事記載於小說第一部的前言當中。

迷你作品傾向解說

主題是「描寫人性」面對人類小說的原點

賽凡提斯一直想成為詩人，也留下許多充滿諷刺、幽默與自由奔放的創意故事。作品的背景有著被稱為野心家的賽凡提斯本人的個性，想要一攫千金的心願。由於他受到生活艱困所苦，確實想要得到可以照顧家人的收入。

雖然他的作品成功了，由於他賣斷版權，所以完全沒賺到錢，真是非常諷刺。

此外，賽凡提斯經歷了數次入獄與俘虜的生活，最重視的就是自由。他小說中的人物之所以充滿活力，也是由於禮讚自由的緣故。據說出現在文藝復興時期，以「書寫真正人性」為主題的近代小說，就是從賽凡提斯開始的，莎士比亞以及同時代的作家也受到很大的影響。

著作介紹

自稱「傳說中的騎士」前往冒險之旅

ドン・キホーテ
前篇(一)
セルバンテス作／牛島信明訳
赤721-1
岩波文庫

書名：唐吉訶德（全6冊）
出版社：岩波書店
作者：賽凡提斯（譯者：牛島信明）

故事描述認為自己是「傳說中的騎士」的主角唐吉訶德，與有點不靈光的隨從桑丘潘沙一起旅行。是世界知名的暢銷小說，尤其是故事一開頭，唐吉訶德向風車挑戰的情節最有名。

唐吉訶德
心儀的公主 杜爾西內婭．德爾．托波索
夢！愛！
冒險！正義！
人見人愛的主角 拉曼查的唐吉訶德
背後的主角 桑丘潘沙
名（迷？）馬 羅西南提
描寫沈迷於騎士故事的男子—唐吉訶德與純樸正直的桑丘潘沙兩人奇妙旅程的故事
特別要請大家注意隨從桑丘潘沙忠實隨侍的橋段
被馬伕打得滿頭包
哇—
你這傢伙
被囚犯們打得滿頭包
哇—
每次都被主角唐吉訶德害得很慘，還是跟著唐吉訶德
喂喂
離開唐吉訶德，成了有頭有臉的人之後
被捲進牛群裡踩得滿頭包
哇
每次大概都會滿頭包…
唐吉訶德脫離妄想的人
怎麼辦呢
唐吉訶德太受寵愛了…
桑嗨丘
雖然覺得有點蠢，守護著唐吉訶德時，最終的痛苦結局令人揪心。請大家一定要讀到最後。
桑丘潘沙最後還是選了被唐吉訶德玩弄於鼓掌之間的人生
主人
……
領主大人！

夏爾・貝洛

生於巴黎的富裕家庭，在奧爾良大學學習法學。擁有律師執照，同時是路易14世底下的高級政務官員，也是學術團體法蘭西學院的活躍會員。75歲時於巴黎永眠。

本名 夏爾・貝洛

生卒年 １５４７年～１６１６年

出生地 法國 巴黎

相關關鍵字 巴黎、資產階級、貝洛童話集、法蘭西學院、古今爭論、民間傳承、穿長靴的貓、小紅帽、藍鬍子、睡美人、灰姑娘

耳朵
聽民間流傳的故事，將它化為文章。
眼睛
孕育出方便兒童閱讀、理解的童話。
嘴巴
藉由熱切的「古今爭論」，名留青史的辯士。
手
總是在故事中加進教訓與嘲諷。

迷你萌事！

在這個時代，貴族與貴婦非常流行聚在沙龍，發表自己創作的「妖精故事」。貝洛在沙龍朗讀自己交織著諷刺與幽默的童話，非常受到眾人歡迎。貝洛的童話裡也包含了要給上流大小姐、婦女、貴族的訊息。也許他的故事並不是為了迎合小孩子，而是為了搏得社交界貴婦的喜好而創作的吧！

illustration&comic パトリシアーナ菊池

夏爾・貝洛「藍鬍子」

摘要

有一個有錢男子，長了一臉藍色鬍子，被稱為「藍鬍子」，人們都很怕他。
藍鬍子向某兄妹的美女妹妹求婚，並且與妹妹結婚了。
有一天，藍鬍子將一串鑰匙交給新婚妻子，交代她：「每個房間妳都可以去，
唯獨這串鑰匙中，金色鑰匙的房間，妳絕對不能進去！」之後他就外出了。
但是新婚妻子還是開了「金色鑰匙的房間」，
發現裡面是藍鬍子前妻的屍體。就在新婚妻子即將被藍鬍子殺害之際，
兩位哥哥及時趕到，打倒藍鬍子，新婚妻子取得藍鬍子的遺產，成為有錢人。

兩位哥哥是龍騎兵與近衛兵。就在妹妹被老公抓住，將劍架在脖子上的瞬間，從城堡的入口進入，拯救妹妹！
在絕妙時機現身的超級英雄！在危機時前來相助，就算有血緣關係也會愛上他們吧!?

薩德侯爵

生於巴黎的伯爵家。接受修士伯父的教育之後，在耶穌會學校學習。其後，立志從軍，投身七年戰爭。回來之後與司法官之女結婚，卻不斷虐待妓女等等，過著放蕩的生活，屢屢進入監獄與精神病院。享年74。

嘴巴
曾經用大聲公從監獄的窗戶發表演講。
身體
有過從軍的時期。可能非常適合軍裝。
腳
獄中唯一被允許的只有散步轉換心情。

本名 唐納蒂安・阿爾豐斯・弗朗索瓦・德・薩德

生卒年 1740年～1814年

出生地 法國巴黎

相關關鍵字 侯爵、虐待狂、精神病院、SM PLAY、皮鞭、巴斯底監獄、拿破崙、澀澤龍彥、獄中小說、美德的不幸事件

illustration&comic 千歳あめ

獻給少女的♥好萌！的軼事

「虐待狂」的創造者！最後在精神病院……!?

薩德侯爵是「虐待狂」一詞的來源。他最喜歡的就是S的性行為了。他將娼妓或乞丐騙進屋裡，高興的看著他們被皮鞭抽痛的模樣。聽說他最喜歡的就是「觀賞」眼前的PLAY或性行為。據說他曾經稱呼在手下工作的男子為「侯爵大人」，當男子在面前享樂時，再把自己投影到男子身上，因而感到興奮。不只如此，他還使用危險的春藥、暴力的性行為，再加上性喜男色等等原因，數度入獄，甚至還被判處死刑！後來從獄中被送到精神病院，在病院逝世。也許是他的性欲特別強烈，他寫了許多情色作品，好讓自己在空無一物的獄中得以興奮，或是聊以慰藉。

薩德引發的事件中，最有名的就是1772年的馬賽事件。根據供述，他讓妓女或少年服下長得像甜點，摻了斑蝥（將西班牙蒼蠅這種昆蟲乾燥製成的刺激性藥品）的春藥，並且付錢讓他們從事肛交。他也讓在手下工作的男子一起到妓院，薩德也與他發生性行為。法庭上有六個妓女出庭作證，其中五個人的證詞表示薩德要求肛交。

會面時間
這是我在監獄裡寫的原稿，妳要好好保管哦
交給我吧，還好，你看起來很好…
我會把原稿放在家裡的……
哇啊ー
怎、怎麼了？
妳、妳…
不舒服嗎？快吐在這裡！
!!!!!
妳是故意的吧！
殺了妳！我要殺了妳！

相對於總是惹事生非的薩德，據說他的妻子芮妮總是奉獻一切。她努力理解性行為奔放的薩德，對於能讓入監的他恢復自由的運動，她都毫不懈怠地去參與。然而，她並無法理解薩德的作品，獄中的薩德偷偷把原稿交給她，要她「好好保管」，大多數都因為她的管理不善而遺失了。

迷你作品傾向解說

創作自己用的A書？尺度超大的色情小說

在作品中表現一切殘虐的行為、性遊戲，窮盡「虐待狂」極致的創作，正是薩德侯爵的特徵。

薩德稱自己為「自由人」。也有人將它譯為「放蕩者」，或是從意義思考，譯為「倒錯者」。包含了自由主義者或無神論者的意義，他採取的是不受道德、宗教或法律等一切制約限制的自由立場姿態。

薩德從束縛中解放，只追求自己肉體上的快樂。他的作品幾乎都是在監獄中，或是精神病院中完成的。由於他身處於無法滿足虐待欲望的環境中，所以只能藉由創作來滿足他的性需求吧。在執筆的過程中，他追求刺激的欲望越來越強烈，結果創作的尺度也越來越大膽了。

著作介紹

鮮明表現「薩德」思想的傑作！

マルキ・ド・サド
悪徳の栄え
上
澁澤龍彥 譯

書名：美德的不幸（全2冊）
出版社：河出書房新社
作者：薩德侯爵（譯者：澀澤龍彥）

以「危險禁書」聞名的幻想奇譚。主角茱莉葉為了追求自己的快樂，對家人與朋友出手的故事。據說因為內容的尺度太大，成了讓薩德進精神病院的作品。

閨房哲學
少女維珍妮接受多曼賽侯爵與
桑塔傑夫人兩人的性課程。
—…以上就是小說的內容♪
教育處女「維珍妮」，
讓她嚐盡一切滋味
高雅的「多曼賽」。她與他的相遇令人印象深刻。
某天，她接受桑塔傑夫人的招待，來到夫人的宅邸。
維珍妮與夫人聊得非常愉快，
夫人於是要求她留下來慢慢聊吧。
夫人說：「到寢室就可以慢慢聊了」
於是將維珍妮帶到寢室。
沒想到多曼賽居然在那裡。
明明是夫人的房子，不知怎的
竟然未經許可就在寢室裡等待。
接受多曼賽的性教育，
維珍妮逐漸嚐到快樂的滋味。
也許是在不知不覺中，
受到性的解放者—多曼賽危險的香氣吸引。

鶴屋南北（4代目）
1755年～1829年
十返舍一九
1765年～1831年
好色一代男
井原西鶴
1642年～1693年
曲亭馬琴
1767年～1848年

簡單有趣的古典文學講義 其1

由古典文學的作者們
介紹自己著作的專欄！
讀過之後也許會更瞭解古典？

comic 吉本ルイス

ス・・・
大家午安
我的名字是
曲亭馬……
ゴン
接著介紹我，井原西鶴的著作吧！
笨蛋
笨蛋
好——的
被打了……
用書背打我……
好色一代男　概要
主角是「浮世之介」，自從7歲時識得戀愛之後，與數不清的男女發生肉體關係。
帥哥。
不檢點
甚至一度出家修習佛道，與寺廟中幾名美男子相戀的始末。
熟知性事的他，最後前往全是女人的「女護島」後，沒有人知道他的下落了…
修道

只專注於愛欲，沒有留下子嗣，一代就結束了！所以叫『好色一代男』
可以品味從人妻到變童的各種性故事哦！
…你們怎麼了
退……
沒、沒什麼啦！可以寫出這種故事的井原先生，
總之是那個方面的人吧…
……咦？
對不起
接下來輪到我了吧!!!
東海道四谷怪談　概要
這個作品的人際關係很複雜，先看一下關係圖吧！
關係圖。
父親 四谷左門
阿岩
夫妻
伊右衛門
姊妹
阿袖
喜歡
喜歡
居的女兒 阿梅
為了達成孫子的願望送了毒藥
夫妻
與茂七
殺害
（其實是別人）
喜歡
賣藥的直助
阿梅的祖父
喜兵衛
因為毒藥之故，容貌變醜後死去的阿岩化為怨靈，讓薄情的丈夫伊右衛門感到痛苦……
最後，伊右衛門被阿袖的老公與茂七打倒的故事。

繼室阿梅與伊右衛門的初夜那天阿梅的臉被打變成阿岩的臉的場面
是不是很恐～～怖呢？
怕這種故事的人，最好小心一點啊！
……嗯
哈哈哈哈哈
明明自己在寫這種恐怖的故事卻很膽小的南北同學！
什…我才沒有害怕呢
哇啊ー！
臉盆
咦？你剛剛不是嚇到嗎？
那還是告訴你好了！
剛才～一直有東西附在你的肩膀上哦…？恐怖的…
阿岩小姐的怨靈…
哇啊ー！
喂！你們繼續下去吧，請介紹作品。
好的
東海道中膝栗毛 概要
接下來是我介紹十返舍一九的作品
這是描述將所有的東西都變賣後，出發旅行的彌次郎兵衛與喜多八的奇妙旅程的故事。
這兩個人很天兵，所以旅途中發生各種糗事。
以為是點心，誤吃了骨壺中的人骨、想要穿過柱子的洞卻卡住了…但是兩人絕對不會沮喪的活力，很有魅力！

順帶一提的是還有兩個人不小心接吻的場面…
……
盯…
怎麼了？一九同學！
沒事！
接、接下來說明我的作品吧！
南總里見八犬傳　概要
與狗結婚的女孩—伏姬在自殺時放出八個寶珠。持有寶珠的少年們，克服重重困難聚集在一起，以「八犬士」之姿服侍里見家的故事。
信
孝
智
禮
少年們的身體某處都有痣，名字的第一個字一定有「犬」字。
打倒邪惡，正義勝利，勸善懲惡的故事！讀的時候大快人心哦！
這個作品有許多個性不同的少年們登場…嗯
啊啊！介紹也結束了，我們去吃飯吧！
のびっ
好累哦
聽我說完嘛！
唉呀，南北同學工作還沒有結束哦！
嘿咻
咦？
微笑——。
攤開
待續

約翰・沃爾夫岡・馮・歌德

生於富裕的家庭，接受父親與家庭教師的英才教有。在詩、小說、戲曲與自然科學等等多彩的領域發揮才能。完成從20幾歲起持續執筆的『浮士德』之後，留下「給我更多光明！」這句話後，於82歲辭世。

頭腦
語言學天才，少年時期就學會7國語言。

眼睛
只要看到美麗的風景就會自然的寫成詩。

心靈
多情男。曾經與年長的已婚女性有一段長達12年的純愛。

本名
約翰・沃爾夫岡・馮・歌德

生卒年
1749年～1832年

出生地
德國 法蘭克福

相關關鍵字
德國古典主義、少年維特的煩惱、浮士德、席勒、自然科學、貝多芬、律師、夏綠蒂、馮史泰夫人、克利斯蒂安娜

迷你萌事！

歌德與詩人弗里德里希・馮・席勒之間有著遠比女性深刻的關係。在歌德煩惱時，席勒寫詩鼓勵他，並且督促他執筆『浮士德』。當席勒過世時，歌德過於悲傷，還躺了好幾天。幾年後，當席勒的遺骸要移到他處時，歌德還留下：『凝視席勒的頭蓋骨』這首讓人有點毛骨悚然的詩。

illustration D・キッサン

瞬間啊
靜止吧
你真是美麗！
有時是貴公子的梅菲斯托費勒斯
苦惱的老學者浮士德
有時是旅遊學生的梅菲斯托費勒斯
有時是黑狗的梅菲斯托費勒斯

故事內容是對人生絕望的主角浮士德，與惡魔梅菲斯托費勒斯訂下契約，重啟嶄新人生的歌劇。

因為與上帝的賭注，梅菲斯托費勒斯接近浮士德。

雖然與浮士德簽訂靈魂的契約，卻總是被任性的浮士德耍得團團轉，有許多有趣的情節，兩個人的對話也很愉快。

FAUST
浮士德

恢復年輕後，與女性相愛、失去愛人，造成許多人的困擾，再度老去…，浮士德藉助梅菲斯托費勒斯的力量，得到各種經驗，當他說出：「瞬間啊，靜止吧，你真是美麗！」滿足的「瞬間」會是什麼時候呢？請大家務必確認一下。

格林兄弟

父親是行政司法官。雖然家境富裕，父親遽逝後，生活卻陷入困境。長男雅各11歲時就肩負家長的職責。在伯母的努力之下，長男與次男威廉進入名門中學，各自以第一名畢業，並進入大學。後來長男成為大學教授。次男也從事廣泛的著述活動。

頭腦（2人共通）
每天用功10小時的秀才。
嘴巴（弟弟）
溝通能力高。負責兄弟的社交圈！
手（哥哥）
語言學者，研究出「格林法則」。
身體（弟弟）
很容易生病，讓哥哥擔心。

長男本名 雅各・路德維希・卡爾・格林

生卒年 1785年～1863年

次男本名 威廉・卡爾・格林

生卒年 1786年～1859年

出生地 德國 哈瑙

相關關鍵字 兒童與家庭童話集、路德維希、比較語言學、格林法則、日耳曼語詞幹母音變音、哥廷根七君子、青蛙王子、大野狼與七隻小羊、長髮姑娘、糖果屋、不萊梅的城市樂手、白雪公主

illustration&comic 高野弓

獻給少女的♥好萌！的軼事

絕對不會分離！貫徹到底的強烈兄弟愛

雅各與威廉兩個人以感情融洽聞名。哥哥很關心身體虛弱的弟弟，弟弟則會幫忙有點怕生的哥哥，過著兩人三腳的生活。中學時期兩個人還睡同一張床作息，只要稍微分開一下就要用書信聯絡。

在兩人成年之後，雅各因工作前往巴黎，弟弟還寫信表示：「當哥哥離開時，我還以為我的胸口要裂開了。哥哥你一定不知道，我有多麼的愛你吧！」哥哥也回了一封長長的回信，內容是：「我們以後絕對不要再分開了。因為我們已經習慣共同生活，只要孤單一人就寂寞得快要死了！」正如信裡的內容，哥哥終身未娶，與弟弟夫妻在同一個房子裡生活。

格林兄弟只有長男與次男有名。在第二次世界大戰後，人們終於也把么弟路德維希．埃米爾．格林加進格林兄弟之列。據說他擅長雕刻與銅板畫，年輕時就才華出眾。也是一位有名的畫家，並經手格林童話集的插畫。雅各為了方便威廉就醫，悉心的照顧，不知道在路德維希眼裡，是怎麼看待這段感情的呢？

民間傳說有不少近親相姦的情節耶…
…喂，你剛才說什麼？
我說，有很多近親相姦的故事。
你怎麼可以說出這麼低俗的話呢！
對身體不好吧！
對身體不好吧！
近
近
親…
哇———
!!!!
我想和你維持美好的關係啊…
哥哥怎麼啦？
？
誰知道…
脫逃

在格林童話中，有殘酷的表現，描寫了近親相姦等等錯綜複雜的人際關係，有些部分並不適合兒童閱讀。因此，格林兄弟經常改寫文章。如果不會害怕驚悚的描寫，不妨讀讀看初版的格林童話吧。

迷你作品傾向解說

老實記述德國童話 有許多意義不明的作品？

說到格林兄弟就會想到格林童話。超過二百篇的童話並不是格林兄弟想出來的，而是蒐集德國流傳的童話後寫成的。

當時人們重新審視德國的傳統文學，也關心民謠與童話。也出了許多的書籍，出版的卻幾乎都是經過編者改編，與原本傳說不同的故事。格林兄弟的目標在於忠實的保留地方流傳的童話。以「儘量不要加筆」為前提，所以有許多牛頭不對馬嘴的故事，這也是它的特徵。

通常稱為『格林童話』，作品集的標題其實是『兒童與家庭童話集』。書名包含了希望家人共同閱讀的心意。其中，『白雪公主』與『長髮姑娘』等作品非常有名。

著作介紹

世界的格林學者也認同!?決定版新譯本

完訳グリム童話集
1
野村泫 訳

書名：全譯格林童話集（全7冊）
出版社：筑摩書房
作者：雅克・格林、威廉・格林（譯者：野村泫）

由格林研究第一把交椅所發表的全新譯本。加上由世界格林學者爭議的結果，產生的嶄新解釋，以及接近原典的翻譯等等。還有許多彩色插畫，全7集，內容包括有名的故事，以及有點瘋狂的作品。

故事是被雙親丟在森林的兄妹
雖然被魔女抓走
卻運用機智打敗魔女
再度回到家裡的童話
糖果屋
丟小石頭或麵包屑指引歸途，
哥哥非常聰明，又照顧妹妹。
這樣的哥哥多來幾個都沒關係呢。
順帶一提的是在初版的故事中
妹妹聽到魔女叫她
準備烤哥哥的鍋子時
還流下血淚。
太愛哥哥了吧…
不要～!!
用烤的也太殘忍了吧

維克多・雨果

軍人的三男。拜肯定自己才能的母親之賜，年輕時因創作活動而成功。活躍的浪漫派詩人、小說家，獲頒子爵爵位之後，躋身政治的世界。享年83。

臉蛋
足以和女明星交往的帥哥!?
胸部
23歲就獲頒法國榮譽軍團勳章。
手
持續執筆大量的詩與小說。
身體
精力無窮，有許多女性都有關係。

本名
維克多・馬里・雨果

生卒年
1802年～1885年

出生地
法國貝桑松

相關關鍵字
浪漫主義、戀母情節、阿黛兒、魔性之女、茱麗葉・德魯埃、法蘭西學院、夏多布里昂、艾納尼、悲慘世界、世界上最短的信

獻給少女的♥好萌！的軼事

超級媽寶成為大作家！私生活是連續的不幸

由於政治理念不同，雨果母親與父親分開，由母親扶養長大。雨果小時候身體虛弱，受到過度保護而成了一個媽寶。儘管想和青梅竹馬的阿黛兒・佛榭結婚，卻因母親大力反對而放棄。直到母親過世後才終於結婚。

他的歌劇受到歡迎，工作方面也非常成功，但是私生活卻是接連的不幸。長男出生後立刻夭折，好不容易娶到的妻子又與作家朋友發生外遇。再加上他的親哥哥也愛上雨果的妻子阿黛兒，因瘋狂而自殺。新婚幸福的女兒，也在十九歲的青春年華溺死。他本人也和人妻私通，並且被警察捉姦在床、收押入獄。儘管名聲響亮，也許他過的是一個被母親與阿黛兒這兩個女人操弄的不幸人生吧！

啊，那個不是維克多・雨果嗎？
聽說那傢伙是個很厲害的媽寶耶！
啥？這把年紀了不丟臉嗎？
クスッ
你還真有膽，敢把我當傻瓜！
過來一下……
ゴゴゴ
ゴゴゴ
喂，怎麼辦啦？好可怕哦……
總之不要反抗他吧！
…下一句話是
呃
ビシッ
媽媽的小抄啊！

與父親分開後，雨果和母親一起在歐洲各地流浪。據說他是個媽寶，也許是受到父親不在身邊的影響。相對於不輕易改變想法，貫徹信念不惜與丈夫離別的母親，也許雨果在她的身上看見了「父親」的威武。雨果12歲時，在父親的命令下進入寄宿舍，據說母親還每天都去寄宿舍見他。聽說他會朗讀寫好的詩給母親聽。

迷你作品傾向解說

論及人類的自由與生作品總是毀譽參半

雨果的作品來自他波瀾萬丈的人生與高度的文學教養，特徵是常探討人類的「自由」、「生」。將人類感性與想像力放在第一位的「浪漫主義」，雨果是將它帶向文學主流的作家。

從古典派看來，雨果所寫的歌劇脫離常軌，總是同時受到熱烈的支持與強烈的批評。歌劇禁止上演也不止一、兩次。

尤其是『艾納尼』決定上演的時候，保護傳統價值觀的古典派，以及追求新文學的浪漫派之間還發生小爭執。公演開始後，爭執越演越烈。這個騷動也被稱為『艾納尼戰爭』。後來，雨果儼然成為浪漫派的旗手，作品也大受歡迎。

雨果率領了「浪漫主義文學」的文學運動一派。為了打倒「擬古典派」，而製作『艾納尼』。當『艾納尼』決定在劇院上演時，還傳出古典派說壞話妨礙的流言。生氣的雨果請年輕詩人或畫家等朋友幫忙，四處奔走請大家幫忙平息壞話。

著作介紹

描寫動盪時代人們的歷史小說

書名：悲慘世界（孤星淚）（全4冊）
出版社：岩波書局
作者：維克多．雨果
（譯者：豐島與志雄）

以不過偷了一片麵包就入獄19年的尚萬強的生涯為主軸，描述各個階層人們生活姿態的歷史小說。曾經拍成電影、歌劇，現在也是感動全世界讀者的不朽名作。

維克多·雨果「悲慘世界」

摘要

青年尚萬強只不過才偷了一片麵包，就被處以19年的牢獄之刑。
出獄後，他偷走讓他留宿的主教的銀器，
再次遭到逮捕。
但是主教卻證言表示，銀器是他送給尚萬強的。
因為這件事，他的良心覺醒，
改名為馬德蘭並創業，後來甚至當上市長…？

為了姊姊的7個孩子，尚萬強犯下偷麵包之罪。他多次逃獄，每次都增加刑期，
因此19年間都在監獄度過。尚對於這個社會的憎恨與日俱增。
出獄之後，由於他有前科，到旅館投宿也遭到拒絕，被別人丟石頭，完全不信任人類。

唯一接受他的，是教會的主教。
當天晚上，尚萬強偷走
主教珍貴的銀製餐具。
隔天早上，面對捉住他的憲兵，
主教說：「餐具是我給他的」，使他獲得釋放，
並且將2只銀製燭台送給他。
對於以愛關懷他的主教，尚受到很大的衝擊。
被主教的溫柔打動，尚向主教坦白一切，
並發誓會重新做人。
主教與尚的深刻牽絆令人動容。

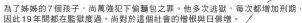

漢斯・克利斯丁・安徒生

生於丹麥的菲英島，父親是鞋匠。以歌劇歌手為目標卻遭受挫折。發表『即興詩人』，以小說家身份出道，其後成為童話作家，博得人氣。罹患肝癌，於70歲逝世。受到國葬的禮遇。

嘴巴
聲音非常好聽，卻因為感冒的緣故，無法發出聲音。
手
靈巧！最擅長製作玩偶的衣服以及剪紙畫。
身體
纖瘦，弱不禁風，手腳長得像細長的棍子。

本名
漢斯・克利斯丁・安徒生

生卒年
1805年～1875年

出生地
丹麥 歐登塞

相關關鍵字
歐登塞、哥本哈根、鞋匠、童話集、人魚公主、賣火柴的少女、紅鞋女孩、即興詩人、自傳、森鷗外、10克朗紙幣

illustration&comic D・キッサン

獻給少女的♥好萌！的軼事

超愛擔心、沒人緣男人的悲劇！因失戀誕生的各種童話

安徒生對於自己的容貌有股強烈的自卑感。但是他又很容易喜歡上美麗的女性，總是贈送她們詩或禮物，不斷的訴說情衷。然而努力終究是一場空，每次都被甩，築成一座失戀的山。悲慘的戀情於是在安徒生的心中昇華，化為美麗又哀傷的童話『人魚公主』與『夜鶯』。雖然屢次傷心，安徒生還是體驗過許多段戀情。在他留下的自傳中，開頭第一句就是「我的生涯是一篇美麗的童話」。有人說安徒生沒人緣的原因，應該是他有點女性化。他的興趣是製作玩偶的衣服，或是摘花等等，很像女孩子的嗜好，所以才會被嫌棄。終身未娶的他，甚至還傳出「同性戀？」、「不舉？」的謠言。

安徒生幾近病態的愛擔心，就連外出時都要帶逃到室外用的繩子。還有一件事也很有名，他為了不讓別人誤以為自己是屍體，睡覺的時候還在旁邊放了一張寫著「我沒有死」的紙條。也許是因為他的祖父與父親都在精神病院過世，他又是被無知又迷信的母親一手帶大，這樣特殊的環境造成的影響吧！孩提時期他也是個多愁善感又神經質的少年，據說也常常神經病發作。

迷你作品傾向解說

近代童話的確立者 主角死亡的故事偏多？

安徒生以近代童話的確立者聞名。他寫的童話超越了兒童讀物的範圍，而是充滿人生的真實，打造了一個「除了兒童之外，成年人也可以閱讀的有趣童話」全新類型。有別於格林與貝洛，他的作品以自己創作的故事為中心。

安徒生終生都熱愛旅行。實際上，他也曾經到過德國、法國、義大利等各個國家。這些體驗，加上安徒生獨具一格的想像力，不可思議的孕育出富含諷刺的美麗文章。

除了童話之外，安徒生也留下其他的傑作。『即興詩人』這個長篇小說是在當時世界上大熱賣的成名作，但現在熱潮似乎已經不再。由森鷗外翻譯的日本版，現在依然深受許多讀者的喜愛。

啪唏
（房屋震動）
哇啊!?
喵～～嗚
トフトフ
哇啊啊！
ガバッ
我被詛咒了！
嗚嗚嗚
既然這個世界這麼恐怖，
我不如死了一了百了……
……還是因為太恐怖了，殺死作品裡的主角吧！

『人魚公主』以主角死去聞名。為了心愛的王子，主角化為泡沫消失的情節非常有名。安徒生生於鞋匠之家，過著貧窮的生活。也許他本人不只一次、兩次，曾有過「死亡」的念頭吧！

著作介紹

品味原書的氣氛　適合成年人的童話

完訳
アンデルセン童話集
1
大畑末吉訳
岩波文庫

書名：全譯 安徒生童話集（全7冊）
出版社：岩波書店
作者：漢斯・克利斯丁・安徒生（譯者：大畑末吉）

全7集共收錄『人魚公主』、『紅鞋女孩』等等，安徒生童話的156個作品。由譯者本人於昭和38年重新改譯自己於昭和13年翻譯的版本。與繪本及動畫世界有著不同的風味，可以品味「適合成年人的童話」。

冰雪女王
冰雪女王帶走凱伊，溫柔又溫暖的包住他。但是，這麼做確實侵蝕了以前的凱伊，並且使他崩壞。
完美的化身
冰雪女王
女王與凱伊看起來像是相愛，他們的關係卻像是慢慢染上毒性。
被囚禁的少年
凱伊
惡魔製的鏡子刺進少年凱伊的眼睛與心臟，他突然變了一個人，並且被冰雪女王帶走了。
和凱伊交情深厚的少女蓋兒妲，前往尋找凱伊的旅程，帶他回家的童話。
一邊唱著「主的祈禱」，一邊在雪中前進的蓋兒妲，她既是光明，也很雄壯。
讓全世界都成為伙伴的少女
蓋兒妲
蓋兒妲追逐著隻身離家的凱伊，相信凱伊並且得到周遭相助，潛入冰雪女王的城堡裡。好有男子氣概啊⋯⋯。

日本文學家繪卷

～森鷗外～

應該對別人說的事，
就要說到最後。
如果不想全盤托出的話，
不如一開始就沈默不語。

森鷗外歷經軍醫與博物館總長，在身為官僚的同時，也是小說家、翻譯家，以作家的身份活躍。讓我們來探討他的代表作與生涯吧！

第1卷

配合雙親的要求勤勉向學其實是……？

鷗外年幼時就不常和附近的孩子玩耍，而是努力唸書。在學校總是第一名。後來鷗外自己回顧時，覺得自己是個陰沈的孩子。

鷗外的父親是藩主的醫生，他認為武士們暗中對自己投以輕蔑的目光。雙親希望藉由孩子的出人頭地，以抹去無武士血統的劣等感，於是鷗外默默的努力向學。

另一方面，他也有著摘花等等女性化的一面。儘管一直走在雙親希望的菁英大道上，鷗外還是終身保留著少女的氣質，隨後發生了成為『舞姬』原型的戀情——「艾莉絲事件」。

個人檔案

生於文久2年（1862年），父親為津和野藩的御典醫（醫師），接受英才教育。學習漢學與德文後，12歲即進入第一大學區醫學校預科（後來的東京大學醫學部）。畢業後投身軍醫，接受赴德國留學的命令，於是赴德。回國後發表翻譯詩集與小說。享年60。代表作為『舞姬』、『阿部一族』，翻譯詩集『於母影』等等。

illustration yoco

『舞姬』

1890年，發表於雜誌『國民之友』的小說。鷗外以本作品於文壇出道。是一篇有名的和漢折衷文語體文章。

概要

主角太田豐太郎為一菁英官僚，在明治政府的命令之下，被派到先進國家德國。某天，他在小巷裡遇見舞孃艾莉絲，兩人墜入情網。然而，由於與她交往的關係，豐太郎將會被革職……？

鷗外的戀情 無奈與悲傷……

為了學習醫術，鷗外在二十二歲時前往德國留學。在當地的戀人是名為艾莉絲・維格的女性。據說她是個很客氣的嬌小美女，擅長手工藝。儘管兩人曾經同居，結束五年的留學後，鷗外留下她自己回國了。然而，就在鷗外抵達日本的四天後，艾莉絲也追隨他的腳步來到日本。停留了大約一個月的時間，與鷗外約會兩次。

再怎麼說，森鷗外都是森家人們眾所矚目的明星。不可能允許鷗外與來歷不明的女性交往。鷗外的弟弟與妹妹夫妻說服艾莉絲，最後艾莉絲回到故鄉了。也許是鷗外與艾莉絲戀情的證明，她送給鷗外一個刺繡用的文織字母（合成兩個以上的文字，形狀有如圖案）鋅板，據說鷗外直到臨終前都不曾離手。

沒有結果即宣告結束，鷗外無奈的戀愛故事。以這件事為藍本寫成的故事，就是他的代表作『舞姬』。以雅文體寫成的作品，被視為浪漫派的名作，據說有強烈的鷗外自傳要素。將女主角艾莉絲看成實際的艾莉絲，主角豐太郎視為鷗外，也許就能窺見鷗外的心情了吧！

豐太郎出手幫助煩惱沒錢辦喪禮的艾莉絲。不久後兩人的關係加深，艾莉絲懷了豐太郎的孩子。隨著時間經過，兩人的關係開始出現陰影……？

艾德嘉・愛倫・坡

年幼時就失去旅行藝人的雙親，被愛倫家養大。與養父家斷絕關係後，以嬸嬸家為據點編輯雜誌，同時執筆詩與短篇小說。帶給象徵派、推理作家、SF作家很大的影響。40歲時離奇死亡。

頭腦
沈迷撲克牌賭博。可是非常遜！
嘴巴
由於常常提出尖銳的評論，受到大家的畏懼。
手
最喜歡貓咪，喜歡抱著妻子與貓咪。

本名
艾德嘉・愛倫・坡

生卒年
1809年～1849年

出生地
美國 波士頓

相關關鍵字
莫爾格街兇殺案、厄舍府的沒落、黑貓、金甲蟲、奧古斯特・杜賓、歌德小說、黑暗浪漫主義、推理小說之祖、暗號小說、雜誌、江戶川亂步

迷你萌事！

愛倫・坡與養父母斷絕關係後，寄宿在嬸嬸瑪莉亞家，與當時十三歲的表妹維琴妮雅・克雷姆結婚。愛倫・坡打從心裡愛著年輕的妻子，據說由於他近乎性功能障礙，與妻子之間並沒有肉體關係。不知道是不是因為精神層面比較脆弱的關係，妻子病故後，愛倫・坡過著毫無節制的生活，也曾經毫無意義的向女性求婚，奇行怪狀引人側目。至死之前，都沒能走出喪妻之痛。

illustration yoco

黑貓

一隻可愛的貓咪，卻將男子逼上絕路，令人不寒而慄。
歌德風的恐怖小說。不妨在夏天夜裡，一個人窺視這個黑暗的深淵吧？

查爾斯・狄更斯

生於英格蘭南岸。年幼時就開始工作，幾乎不曾接受教育。任職報社記者時，一邊發表小說，由於小說受到肯定，後來還被稱為英國的國民作家。58歲時死於腦中風。

眼睛
興趣是閱讀。
別喜歡幻想類的叢書。
嘴巴
喜歡朗讀。
儘管身體不佳
還是會到各個育幼院朗讀。
身體
不是很強壯，
喜歡獨自玩耍。
腳
擅長跳舞與戲劇，
曾經想要成為演員。

本名
查爾斯・約翰・赫芬姆・狄更斯

生卒年
1812年～1870年

出生地
英國 樸茨茅斯

相關關鍵字
維多利亞時代、博茲札記、小氣財神、孤雛淚、報社記者、速記員、聖誕小說、推理小說、10英鎊紙幣

illustration&comic パトリシアーナ菊池

獻給少女的♥好萌！的軼事

真心喜歡的竟然是妻妹!?
問題重重的女性關係

狄更斯與凱薩琳．賀加思結婚，生下十個孩子。但是在二十年後，狄更斯卻寫下「這是一場失敗的婚姻」。夫妻兩人似乎是「個性」不合，妻子後來也罹患精神方面的疾病。

其實狄更斯喜歡年輕的女性，經常搞外遇。一開始，他的目標是凱薩琳的妹妹——瑪莉。但是因「年紀太輕」的原因遭到反對，不得已只好和姊姊結婚，順便和瑪莉過著同居生活。然而婚後隔一年，十七歲的瑪莉猝死。狄更斯難過得連文章都寫不出來，陷入深沈的哀傷之中。

後來，狄更斯劈腿小自己二十七歲的愛琳，和年紀比瑪莉更小的妻妹喬吉娜也有過一段外遇疑雲，直到最後都是一名花花公子。

由於父親積欠的債務，狄更斯一家被收容在馬歇爾希負債者監獄。個性比一般人感性，又不服輸的狄更斯，為了不想讓別人知道家人在監獄裡生活，年僅12歲就獨立生活。只有早餐時待在監獄，接著就到鞋油工廠上班，工作結束後睡在獨居的住處。就連在工廠認識的少年們，狄更斯都對家人的事保密到家。

迷你作品傾向解說

關於細節的描寫獲得肯定！可是內容了無新意？

狄更斯在貧窮的家庭裡成長，從小的時候就飽嚐辛酸，發表了許多以庶民為主角的諷刺作品。特徵在於以弱者或勞動階級的人們為主角，描繪出充滿溫馨、幽默的人性愛與理想。

人們常說狄更斯的作品「故事有缺陷」，其中最棒的還是細緻的描寫。像是人物描寫或是極為寫實的日常生活等等，關於細節的精緻描寫方面則有很高的評價。

由於作品是以月刊分冊的形態發表，在作品方面自然會考量銷售量與人氣的層面。因此，他的作品結局總是以「可喜可賀」告終，便宜行事的故事引人注目。這個部分也曾受到批評。

該取什麼筆名好呢…
嗯
交給我吧！
ガタッ
哥哥的候選筆名～！
・邋遢傻瓜
・傻瓜去死
・笨蛋沒有活著的價值
・糊塗蛋！
別開玩笑了！
ばーん！
那這個呢？
・蹦蹦布
・繃繃繃
・蹦蹦，蹦蹦布
・蹦布
這些擬聲詞是怎麼回事啊！
ばばーん！
我從來沒遇過像哥哥這麼任性的人耶！
ぷんぷん
只要是短的名字，隨便都好啦！
就這樣，所以名字才會取博茲吧？

當投稿到『MONTHLY MAGAZINE』雜誌的散文獲得刊登時，狄更斯非常感動。據說當時使用的筆名博茲（Boz），是來自狄更斯的弟弟——奧古斯都的綽號。因為狄更斯和弟弟的感情非常好，也許曾經和弟弟商量過筆名的事情。

著作介紹

生出「守財奴」英文單字的開山鼻祖!?

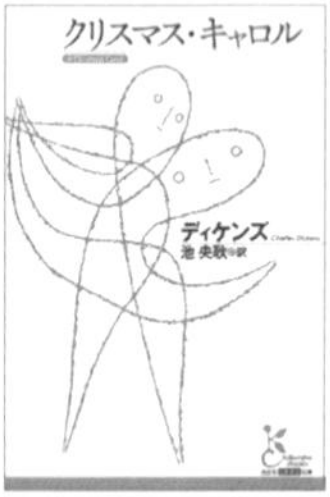
クリスマス・キャロル
ディケンズ

書名：小氣財神
出版社：光文社（光文社古典新譯文庫）
作者：查爾斯・狄更斯

史古基是一個超吝嗇又冷酷的初老男子。亡靈讓他看見守財奴將會面臨什麼樣的命運，是最老牌的聖誕故事。據說守財奴的英文單字「scrooge」就是從這個作品衍生的。

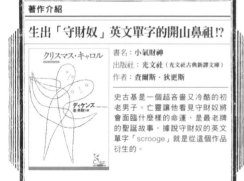

查爾斯・狄更斯
「孤雛淚」

摘要

主角的少年（9歲）是一個孤兒，
他不僅從來沒吃飽過，又被逼著從事過重的勞動，
所以逃離救濟院，前往倫敦。
在途中認識的少年的引導之下，總算能住在某個家裡，
沒想到那裡卻是由猶太人費根率領的竊盜集團的巢穴！

在那裡有著留著醜醜鬍子的老人，
以及4～5個少年。
奧利佛吃了香腸與麵包，
終於填飽肚子。
同在葬儀社工作的少年，
說了母親的壞話因而打架，
受到處罰，在救濟院根本很少領到食物。
奧利佛終於逃離這樣的地方，
一個人前往旅途。
但是他幾乎完全無法得到食物，
奧利佛累得倒在路邊，
有一個少年向他搭訕。
聽了奧利佛的處境之後
少年將他帶到某個家中。
在那個家裡，奧利佛跟老成的少年們一起接受扒手的課程。
從衣服上有許多口袋的老人身上竊取手錶或錢包。
這個技術可以讓自己成為了不起的人嗎？奧利佛心存質疑。
可是他又覺得老人比自己年長許多，懂的應該比自己還多
於是老實的學習課程，他善良的心讓人動容。

夏爾・皮埃爾・波特萊爾

生於富裕的農家。6歲時父親身亡後，他盡情揮霍亡父的遺產，因而積欠龐大的債務，遭到法定監護人管理。被娼妓傳染梅毒，於46歲逝世。

嘴巴
老是說些諷刺的話讓別人難堪。
心
心總是和媽媽在一起，終極媽寶。
身體
紈綺主義隨時全開。
手
忝不知恥卻孕育出美麗的詩篇。

本名
夏爾・皮埃爾・波特萊爾

生卒年
1821年～1867年

出生地
法國 巴黎

相關關鍵字
法國近代詩之父、德拉克洛瓦、詩人的美術評論、惡之花、散文詩、鴉片、二月革命、艾德嘉・愛倫・坡

illustration&comic 高野弓

絕不允許別人搶走媽媽！性好女色的媽寶男

波特萊爾六歲時喪父。和父親年紀相差三十歲的年輕母親，第二年與軍人再婚了。超喜歡媽媽的少年波特萊爾，甚至偷出母親收在衣櫃深處的內褲，或是將臉埋在毛皮外套裡。對於已是成熟男人的繼父感到嫉妒，憎恨他奪走了最愛的母親。於是他離開家裡，大肆玩樂，花光亡父的遺產，持續反抗繼父。

除了媽寶的一面，波特萊爾沈迷於娼妓。他挑選的都是與母親完全相反的類型。這是「不意識到母親的存在，沈溺於快樂中」，是戀母情結者扭曲的愛情表現。一直到過世的時候，他「最愛媽媽」的這點都不曾改變。

波特萊爾的頭腦非常好，為了取得大學入學資格，參加國家統一考試──法國高中會考，一次就考上了。儘管如此，他對於學業卻毫不關心，終日過著放蕩的生活。擔心他的繼父，為他找了一個法定監護人。玩樂人波特萊爾，似乎也無法反抗嚴格管控自己的監護人。後來在監護人的管理下，持續支付因放蕩生活而積欠的龐大負債。

迷你作品傾向解說

最早挑戰散文詩 法國近代詩之父

當時的詩有著固定的形式與字數，以嚴格規定的韻文書寫而成。但是波特萊爾摒棄這些規則，比別人更早察覺「散文詩」的可能性，構成詩作，摸索文學空間的可能性。

在他生前出版的詩集僅有『惡之花』一冊。但是，其中猥瑣的、耽美的、背德的內容，再加上由理想與現實之間的差異形成的厭世觀，兩者形成相乘效果，對魏爾倫、馬拉美、韓波以及洛特曼等等後世文學家，帶來很大的影響。

透過死後才發行的詩集，波特萊爾的支持者增加，人們也評斷他的成果是改變詩的潮流，指引了通往近代詩的方向，並稱他為「法國近代詩之父」。

『惡之花』停止出版了
你應該是要說把有問題的地方改一改，
再重新出版吧！
賣書才能賺錢吧！
我才不要做這種事！
我要說的不是錢的事情，
我只是不想看到你因為妨礙風化的罪名被捕。
夏爾我…
永遠都是為你著想哦！
…我
…似乎誤會你了
對於我洋溢的魅力你愛得無法自拔吧！
並不是…

『惡之花』讓波特萊爾詩人的名聲更加響亮，在波特萊爾36歲時首次出版。同時引發「波特萊爾是怪人，不是狂人」的騷動，發售的同時受到檢閱，因違反善良風俗遭受罰金處分。因為這個緣故，在1861年出版了第2版的『惡之花』。

著作介紹

影響多數詩人的耽美詩集

ボオドレール
惡の華

書名：惡之花
出版社：岩波書局
作者：波特萊爾（譯者：鈴木信太郎）

度過破滅人生的詩人，懷抱著「惡可以提昇到美的境界」的信念，寫出自己靈魂的詩集。收錄了美麗又淫靡的散文詩，影射自己下流的性癖，或是與娼妓寡廉鮮恥的關係。

「　惡　之　花　」
特徵是頹廢的作風，波特萊爾唯一的韻文詩集
以從邪惡中綻放的花朵為主題的詩集
賣春婦是常見的題材
作品中常常出現無頭屍體、紅色鮮血、惡魔等等歌德表現

費奧多爾·米哈伊洛維奇·杜斯妥也夫斯基

莫斯科慈善醫院醫生的次子。雖然處女作一炮而紅，卻沒有持續，28歲時由於涉及空想社會主義遭到逮捕，流放到西伯利亞。出獄後回歸文壇，又著作許多傑出作品。罹患肺氣腫，在家人的看護下依然死亡。享年59。

嘴巴
最喜歡冰品或糖果等甜點。
心
太喜歡妻子了
嫉妒之情溢於言表！
身體
愛乾淨。
就連襯衫領子的污垢都很注意。
手
好好先生
遇到煩惱的人
絕不會置之不理。

本名
費奧多爾·米哈伊洛維奇·杜斯妥也夫斯基

生卒年 1821年～1881年

出生地 俄羅斯 莫斯科郊外

相關關鍵字
俄羅斯文學、心理學者、尼古萊·果戈理、空想社會主義、賭博、癲癇、西伯利亞流放刑、罪與罰、白痴、群魔、卡拉馬助夫兄弟們

illustration&comic やましろ梅太

獻給少女的♥好萌！的軼事

稱嫩妻為女王殿下具備M氣質？

在杜斯妥也夫斯基四十五歲時，第一任妻子亡故，他向十九歲的速記員安娜求婚。安娜接受他的愛，支持丈夫，生兒育女，照顧家庭。兩人建立了開朗的家庭。杜斯妥也夫斯基非常疼愛這位嫩妻，只要稍微分開就書信聯絡，直奔「疼老婆」之路。由於杜斯妥也夫斯基病態的擔心，據說總是因為嫉妒，或是「老婆是不是遇到什麼危險了？」等不安而苦惱。

他有股M男的傾向。他在信裡稱嫩妻為「女主人」、「女王殿下」，懇求妻子「命令我吧」，還寫著綿綿情話。安娜在回信中也寫道「你的女王與你熱烈的接吻」等等，稍微加了點老公想要的SM PLAY，應該是配合他吧！

杜斯妥也夫斯基從俄羅斯小說家尼古萊．果戈理的作品中得到靈感，完成描寫貧窮官僚與薄倖少女交流的小說『窮人』。杜斯妥也夫斯基在24歲時完成本作品，將草稿帶給詩人尼克萊．涅克拉索夫。讀了他的作品後，尼克萊非常感動，據說還在半夜造訪杜斯妥也夫斯基。不僅如此，他還將這部作品介紹給當時有名的文藝評論家維薩里昂．別林斯基。本作也受到別林斯基的讚賞，於是杜斯妥也夫斯基得以在文壇華麗的出道。

迷你作品傾向解說

用銳利的觀察眼看透本質「現代預言書」型的作品

杜斯妥也夫斯基可說是代表十九世紀後半俄羅斯文學的文豪。他用銳利的直覺捕捉時代的本質，說中未來的社會情勢等等，運用許多這樣的表現，他的作品也被人們稱為「現代預言書」。談論杜斯妥也夫斯基的作品時，絕對無法忽視聖經的存在。他以政治犯之姿，被處以西伯利亞流放刑時，在寒冬中，零下四十度的極寒之地，支持他的就是一本聖經。他讓聖經中登場的賣春婦、無賴、醉鬼，甚至是殺人犯，出現在自己的著作中。並且暴露出隱藏在他們的行動中的人類潛意識，化為一個文學作品。他的多數傑作，影響了愛因斯坦、江戶川亂步、佛洛伊德、黑澤明、手塚治虫、村上春樹等等諸多人物。

我不是你所想的那種人！
想要打擾我賭博的話，那就快滾吧！
杜斯妥也夫斯基先生…
邀我一起賭博…你這麼想和我在一起嗎…
你是怎麼解釋才會得到這種結果啊！
杜斯妥也夫斯基先生!?
無法坦白想和我一起賭博，你一定很痛苦吧？
這傢伙好討厭！
扶的地方太低了
我們兩個合起來就成了一介賭徒！
尼可&杜斯！
為什麼會變成這樣!!
どーーーん

杜斯妥也夫斯基最喜歡賭博。為了賭博積欠龐大的債務，為了償清借款，不得不進行極嚴苛的執筆活動。他用自己的賭博經驗，留下『賭徒』這本小說，描述沈迷輪盤，逐漸破滅的人們。

著作介紹

有涵養的人一定要讀！世界巔峰的文學作品

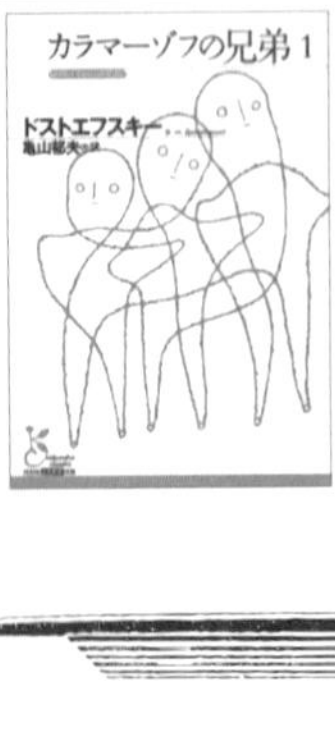
カラマーゾフの兄弟 1
ドストエフスキー
亀山郁夫 訳

書名：卡拉馬助夫兄弟們
出版社：光文社（光文社古典新譯文庫）
作者：杜斯妥也夫斯基（譯者：龜山郁夫）

『卡拉馬助夫兄弟們』被視為文學的巔峰之一，新譯本也在日本引發潮流。以殺父為核心，加入人性愛恨與信仰問題的作品，也是一本有趣的懸疑小說。此外，描寫被命運擺弄的矮小人類，就人間劇方面來說，表現也很傑出。

罪與罰

拉斯柯爾尼科夫與波爾菲利的心理戰
特別注意拉斯柯爾尼科夫精神狀態的描寫！

波爾菲利
負責老太太殺害事件的法官
只靠著心理的證據審問
拉斯柯爾尼科夫
展開令人毛骨悚然的論戰

索尼雅
為了拯救家
人免於飢餓
而賣身

拉斯柯爾尼科夫
貧窮的前大學生
本書說他擁有「驚人的美貌」
認為有能力改變世界的非凡人類
擁有觸犯法律的權利

快速
用飯糰看懂 罪與罰

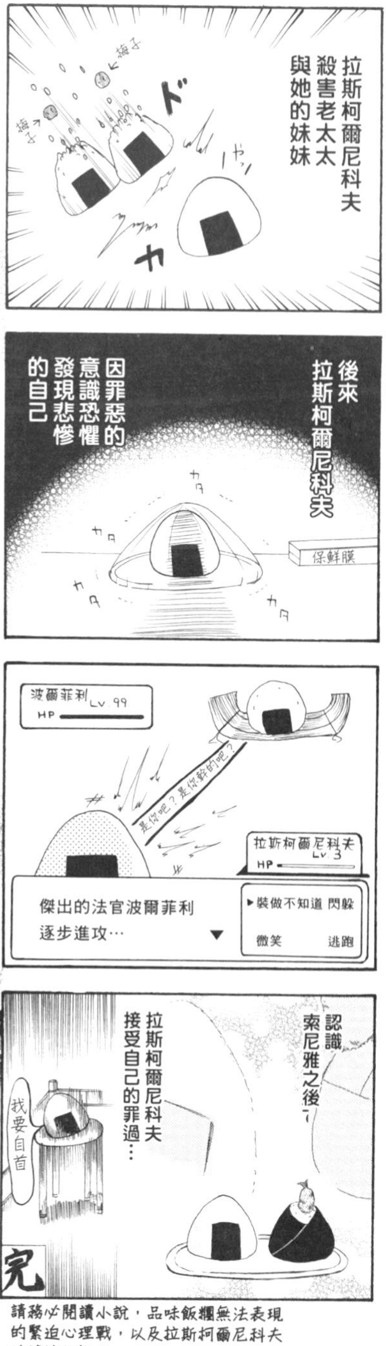

拉斯柯爾尼科夫殺害老太太與她的妹妹
梅子
梅子
ド
カ
後來拉斯柯爾尼科夫
因罪惡的意識恐懼發現悲慘的自己
カタ
保鮮膜
波爾菲利 Lv.99
HP
是你吧？是你殺的吧？
拉斯柯爾尼科夫 Lv.3
HP
傑出的法官波爾菲利
逐步進攻…
▶裝做不知道 閃躲
微笑 逃跑
認識索尼雅之後
拉斯柯爾尼科夫接受自己的罪過…
我要自首
完

請務必閱讀小說，品味飯糰無法表現的緊迫心理戰，以及拉斯柯爾尼科夫的精神狀態吧。

日本文學家繪卷

～谷崎潤一郎～

第2卷

谷崎潤一郎擅長用美麗的文體，精彩的描寫男與女特殊的官能世界。什麼是讓他陶醉的「愛的形式」呢？一起來探討他的生涯與代表作。

戀愛是一門藝術。用血與肉完成的至高藝術。

領悟女性美的潤一郎其契機是……？

潤一郎從年幼時期起，就陶醉於女性美之中。似乎是與他的母親——阿關有關，她的美貌簡直可以直接畫成錦繪拿出去賣了。潤一郎曾經在著作當中，回想起與母親一起洗澡時的事情。「她不只是臉蛋漂亮，就連大腿一帶的肌膚都又美又白，膚質細緻，和她一起洗澡時，我常常不知不覺就看呆了……」。

個人檔案

明治19年（1886年）生於祖父經營的印刷廠。數年後父親的事業失敗。15歲時畢業於坂本小學校全科，由於家境清苦，原本打算放棄學業，在周遭的援助下，進入東京府第一中學校。22歲時就讀東京帝國大學，由於繳不出學費的關係而退學。後來，直到79歲死亡為止，精力充沛的持續執筆活動。代表作有『刺青』、『痴人之愛』、『春琴抄』、『細雪』等多數作品。

illustration yoco

『春琴抄』

1933年，發表於雜誌『中央公論』的小說。內容不僅止於單純的被虐興趣，也描繪了官能的美麗世界，被稱為谷崎文學中的傑作之一。

概要

佐助照料盲眼的少女春琴。不久後，他開始彈三味線，由於春琴在這方面才華洋溢，於是他請春琴指導。逐漸的，兩人成為對方不可或缺的重要存在……？

生於富裕商人家的春琴，個性任性，自尊心強，常常對三味線的弟子佐助發脾氣。儘管受到殘忍的對待，佐助還是一貫獻身的姿態，越來越崇拜春琴……。

此外，也許是阿關在富裕的家庭中成長，似乎有著相當任性的一面。潤一郎的父親倉五郎因事業失敗，生活困苦，請不起女傭，煮飯洗衣都必須自己來。

但是阿關幾乎從來沒做過這些事，與其讓妻子做一些做不慣的事情，不如由倉五郎煮飯，這在當時是很罕見的。從這件事可以看出潤一郎『春琴抄』的原型，富裕的商人家女兒——春琴，以及為她奉獻一切的侍從——佐助。

私生活也為女性奉獻一切！潤一郎的性癖是？

潤一郎和父親一樣，希望可以服侍女性。他四十七歲時，向根津松子做了愛的告白，據說他在告白的信上寫著，如果沒有讓他崇拜的高貴女性，他就無法創作了。這時，他甚至宣布將稱她為「主人」。

當時，松子不但有丈夫與小孩，潤一郎也已經與古川丁未子這位女性結婚。儘管如此，相愛的兩人還是決定各自離婚，後來結為夫妻。但是他們的夫妻生活也很奇妙。就拿用餐來說吧，潤一郎堅持在侍奉松子太太用餐後，才和女傭一起吃飯。『春琴抄』正是清清楚楚描繪出潤一郎性癖的作品。

列夫・尼古拉耶維奇・托爾斯泰

地主貴族的四男。年輕時過著放蕩的生活，不久後將熱情傾注於領地農民的教育事業上。領悟應奉獻上帝與人類，否定私有財產。82歲時離家出走，卻引起急性肺炎，在火車站結束他的一生。

眼睛
容易感動
馬上就會掉眼淚。
綽號是「愛哭鬼」。
嘴巴
認為奢侈是大敵，
成了素食者。
手
最喜歡農業工作。
曾經和農民一起耕田。
腳
和妻子不和，數次離家出走。
82歲時，於離家出走的中途逝世。

本名
列夫・尼古拉耶維奇・托爾斯泰

生卒年
1828年～1910年

出生地
俄羅斯 圖拉

相關關鍵字
克里米亞戰爭、農奴解放令、森鷗外、白樺派、德富蘆花、亞斯納亞・博利爾納車站

illustration&comic 千歳あめ

獻給少女的♥好萌！的軼事

一心一意的只愛妻子 認真男子的誠摯之愛

托爾斯泰的雙親在他年幼時亡故，被親戚收養。雖然過著不需為金錢煩惱的生活，也許是親人雙亡的寂寞，他成長為有點陰沈的大人。這樣的托爾斯泰，似乎全心全意的，只想著妻子蘇菲亞。儘管晚年他的想法與妻子及家人不合，但還是有很長一段期間，他都過著真正幸福的生活。

此外，托爾斯泰也有許多與愛相關的浪漫名言。像是「比起愛著多數女性的人，只愛一名女性的人，更能深入了解女性」，或是表示真愛即使將自己擁有的一切都給予對方，也不值得惋惜的：「愛是不吝給予」，這些話當中，暗藏著托爾斯泰認真、專注的個性。

很高興你來了，托爾斯泰 來這裡坐讓我們聊聊吧！
……
請原諒我！托爾斯泰！
まふまふ
ゴゴ
……我很失望
ゴゴ
椅子還是應該用樹幹啊……
ボッ
ボッ
這裡是我家耶……
ぐすっ

托爾斯泰加入伊凡．屠格涅夫所屬的聖彼得堡文壇，但是他似乎一直無法融入都會環境中。後來前往歐洲旅行，不管到了哪裡，他都對於人們沈浸於物質文明感到失望。不知道是不是出於這個原因，托爾斯泰越到晚年，越是完全捨棄自我，懷著深切的信仰之心為他人而活。為了度過自給自足的生活，據說連鞋子都是自己動手做的。再加上停止喝酒、抽煙，成了素食主義者。他貫徹這種生活的模樣，令人感到驚訝。

迷你作品傾向解說

將自身的生活反映在文學上傾力描寫體驗

托爾斯泰傾注全力描寫自己存活的社會、世界或是自己體驗的現實。因此，隨著本人生活與思想的變化，他選用的題材與角度也跟著改變。當初曾經寫過俄羅斯貴族或富裕地主的故事，後來則在作品中加入公共事業與政治思想。說到後期的作品，用自己的財產援助貧困階級，以及托爾斯泰本人帶著圓鍬去耕田等事情，都投影在他的作品當中，終其一生，他的作品都與人生連結。

晚年的作品有『伊凡・伊里奇之死』，描述即將面臨死亡的人的恐懼。從托爾斯泰的作品中，可以能知他的人生與感情，也可以了解當時俄羅斯人們的生活，也可以當成歷史資料。

晚年，托爾斯泰認為人民和平重於國家利益，成了一個和平主義者。但是在克里米亞戰爭時才20多歲的他，自願調遣到經常面臨死亡危機的實戰部隊，以將校的身份，置身於激烈的戰事之中。驅使他這麼做的，是強烈的愛國心。這時他還認為應該為了祖國與敵人戰鬥。

著作介紹

改編電影也太受歡迎！大河歷史小說

書名：戰爭與和平（全4冊）
出版社：新潮社
作者：托爾斯泰（譯者：工藤精一郎）

1956年，由奧黛麗．赫本主演，改編為電影的大河歷史小說。內容寫道19世紀前半，拿破崙的入侵俄國與失敗，面對歷史性大事件的俄羅斯人的民族性，以及貴族社會與民眾的面面觀。

「安娜・卡列尼娜」
安娜因政策結婚，被迫與年紀與自己父親相仿的政治家結婚，與年輕的單身帥哥貴族佛倫斯基墜入激烈的戀情中…？
—…小說的內容如上
安娜與醜陋的老人（政府高官）結婚。她非常美麗，個性卻很高傲。
故事從安娜與佛倫斯基的邂逅開始，一開始就很有看頭。
地點在列車當中。而且這不是普通的列車，而是因為有人臥軌而停止的列車裡，
安娜遇見後來的外遇對象—帥哥貴族：佛倫斯基
後來，佛倫斯基每次都瞞著安娜的丈夫，追求安娜。
儘管安娜嘴巴上說：「讓我們做朋友吧」，
卻用眼神訴說熱烈的愛意。成年人的戀愛令人心跳加速。

儒勒・凡爾納

生於海港城市。成長的過程中，受到船員們的冒險故事，以及律師父親的影響。受到大小仲馬的影響開始寫文章，任職市會議員同時執筆科學、冒險小說。77歲亡故。

頭腦
在小說中採用科學要素的先驅者。
眼睛
先見之明很準確，能夠正確的說中未來。
手
著作『從地球到月球』成為實際上宇宙開發的動機。

迷你萌事！

凡爾納從小就喜歡讀書。與律師父親一樣，他曾經一度打算往法律發展。然而就在凡爾納為了學習法律，前往巴黎時，在當地結識各類藝術家，受到他們的刺激，於是他夢想以寫文章為職志。沈浸於戲劇中，結果認識劇作家仲馬父子，後來就把法律書丟到一旁，只寫一些戲劇作品。當他了解光靠這樣賺不到錢時，他又搖身一變，開始寫起小說。出人意料的，凡爾納有著現實的一面。

本名 儒勒・凡爾納

生卒年 1828年～1905年

出生地 法國 南特

相關關鍵字 大小仲馬、科幻小說之父、海底兩萬里、從地球到月球、環遊世界八十天、和平主義者

illustration 高野弓

「十五少年漂流記」
十四個紐西蘭的寄宿學生與黑人實習水手少年的故事。
搭乘雙桅縱帆船※在海上漂流的他們，抵達陸地為了生存展開各種活動。
※帆船的一種
腦筋動得快最保護年幼孩子的布利安（十三歲）
以及，從不覺得布利安有那麼受歡迎的
有錢人家的孩子杜諾班（十三歲）
兩個人總是爭執不休。
又在吵了嗎？
每當最年長的戈登安撫他們……
聽好了你們兩個
這種時候更應該互相幫忙
しゅん…
兩個人就乖乖聽話了。

路易斯・卡洛爾

身為教區牧師的長子，在一個有兩個姊姊與8個弟妹的大家庭中長大。以優秀的成績畢業於牛津大學，並於該校擔任數學老師。以卡洛爾之名創作，以本名寫數學書。在66歲生日之前死於肺炎。

眼睛
興趣是攝影。
拍過許多的
少女。
頭腦
數學家
也很喜歡解謎遊戲！
挑戰難解的謎題。
臉
總是帶著有點愛睏表情的
青年帥哥。

本名
查爾斯・路德維希・道奇森

生卒年
1832年～1898年

出生地
英國 柴郡 沃靈頓

相關關鍵字
數學家、愛麗絲、利德爾三姊妹、約翰・丹尼爾（John Tenniel）、照片、相機、COSPLYA、口吃、猶豫不決

illustration&comic 柳瀬りょう

獻給少女的♥好萌！的軼事

喜歡孩童的內向青年還有蘿莉控疑雲!?

卡洛爾在年輕的時候，就是個長材窈窕修長的帥哥。終身未娶，據說與成年女性的戀愛從來都不曾開花結果。他的個性文靜、笨拙，有事總往心裡藏，總是為了自己的重度口吃感到煩惱。然而，藉由遊戲取悅孩子們的時候，口吃似乎就會煙消雲散了。他總是在行李箱中，帶著遊戲或魔術道具，用來討孩子歡心，還會演戲或用火車引來兒童。但是他似乎不太喜歡男孩子，還留下：「我喜歡小孩。但是男孩子例外」這句話。

此外，卡洛爾常常拍照，可是他的被攝體幾乎都是少女。其中也有裸照，所以也有傳言說他可能是蘿莉控。

卡洛爾幾乎沒有傳出什麼流言蜚語。他總是愛上鏡頭後方的少女，也就是二次元的存在，也許不需要現實生活中的羅曼史。卡洛爾最喜歡的少女服裝是沒有什麼裝飾的睡袍。因此，他留下來的少女照片中，也有許多睡袍的姿態。此外，他也喜歡裸體，還在信上寫著：「讓美麗的少女們穿上衣服，並沒有其必要性」。

迷你作品傾向解說

有許多女孩們喜歡的元素
還有具數學家風格的文字遊戲

路易斯・卡洛爾寫的是女孩們看了會喜歡的故事。當他在大學擔任數學講師時，與校長的女兒——利德爾三姊妹交流，為她們寫了有趣的故事。裡面到處可見女孩子們喜歡的元素，還有令人心跳、期待的冒險行程，以及獨特的角色，是一篇孩子百看不厭的故事。

由於路易斯・卡洛爾是數學家，擅長理論思考，所以故事並不只是有趣而已。故事中還充滿了幽默與諷刺、遊戲、解謎、冷笑話或文字遊戲等等許多的元素。他在文章中運用連孩子也能懂的單字，發出並玩弄聲音，讓一個詞有許多的意思，會「讓譯者哭泣」，非英語圈的人們似乎難以理解。

卡洛爾因口吃感到自卑。
就連自己的本名「道奇森」，都沒辦法在別人面前唸好…
會唸成道・道・道道奇森
在作品中使用了自己的名字。
就用在弄乾濕衣服的比賽中登場的小鳥上吧！
其他角色也有模特兒了應該很有趣
設定成小鳥的殘骸
呼…
濕答答的愛麗絲也很可愛唷…
道奇森先生…
就是隨便投影自己的本名才不行啊！
改用綽號好了！
呃
道…
道…
對不起！
最後，在作品中，他的名字是「多多」……
想要對我的愛麗絲做什麼

每當卡洛爾緊張的時候，口吃就更嚴重了。他在自我介紹時，總是發成「DO-DO-Dodgson」。這個發音就成了『愛麗絲夢遊仙境』中的「多多（Do Do）」。此外，在他工作的牛津大學附屬博物館中，裝飾著已絕種的「多多」鳥的圖畫，也有人說他可能是從這幅畫得到靈感。

著作介紹

少女在幻想世界的大活躍

不思議の国のアリス
LEWIS CARROLL

書名：愛麗絲夢遊仙境
出版社：新潮社
作者：路易斯・卡洛爾（譯者：金子國義）

有一天，當愛麗絲在堤防玩耍時，發現一隻身穿背心的白兔，一邊看錶一邊快步通過。愛麗絲追著兔子，並掉進洞裡，在有著撲克牌士兵、女王、三月兔等角色的幻想世界中迷路…。是路易斯・卡洛爾的代表作，續篇『愛麗絲的鏡中奇緣』也很有名。

「愛麗絲夢遊仙境」
和姊姊一起讀書的愛麗絲，
追著穿衣服的兔子，
在不可思議的世界中，
迷路了…
愛麗絲捲進
奇妙的茶會裡，
瘋狂帽匠突然說：
「妳該剪頭髮了！」
說是修理，
卻將奶油
塗在錶上的
三月兔。
不管發生什麼事
都一直睡的睡鼠。
奇妙又有趣
都是些可愛的角色，
我好喜歡哦!!
將他們
擬人化
也令人心動！

布拉姆・史托克

雙親都是公務員。16歲就讀大學，結識奧斯卡・王爾德後，開始撰寫劇評及劇本。大學畢業後從事與父親相同的公務員工作，同時持續執筆活動。於64歲逝世。

手
生出超有名的怪獸德古拉。

身體
無藥可救的虛弱體質。
7歲以前都一直臥病在床。

腳
其實從來不曾去過『德古拉』的舞台羅馬尼亞。

本名
亞伯拉罕・史托克

生卒年
1847年～1912年

出生地
愛爾蘭 都柏林

相關關鍵字
奧斯卡・王爾德、亨利・歐文、萬貝瑞（Armin Vambery）、外西凡尼亞、吸血鬼、凡赫辛教授、布拉姆・史托克獎

迷你萌事！

史托克出入研究黑魔法與神秘學的社團，並深入研究，命運的安排下，邂逅了大學教授萬貝瑞。他深受精通各國魔法與幽靈傳說的萬貝瑞吸引，沈溺於他講述的吸血鬼傳說。在教授的支援下，他蒐集並重新編纂各地的吸血鬼傳說，創作名著『德古拉』。萬貝瑞教授則成了不斷與德古拉殊死決鬥的吸血鬼獵人——凡赫辛教授的模特兒。

illustration 夏珂

「吸血鬼德古拉」

在外西凡尼亞的山裡，
烏雲掩蔽星芒
闃然聳立的城堡。
城主德古拉在日間沈眠，夜間覺醒
化身為狼或蝙蝠，
是個尋求人們的鮮血
在黑暗中徘徊的吸血鬼。
當德古拉伯爵決定搬到倫敦時，
為了購買不動產所需的相關手續，
邀請專利師喬納森．哈克來到城堡，
喬納森竟被監禁於城堡中…？

紅唇、尖銳的白色犬齒、尖耳朵，
還有不懷好意的微笑。德古拉伯爵。
來到他身邊的英國專利師喬納森。
他被囚禁在聳立於懸崖上的德古拉城。
為了逃離此處，
他潛入德古拉伯爵的房間偷取鑰匙。
伯爵的房間裡，有個敞開的細長木箱，
裡面竟然躺著德古拉伯爵。
初次見面時的雪白頭髮竟成了年輕的黑色，
伯爵蒼白的肌膚也透出活力。
他的唇邊還沾著血液。
看了這副模樣，喬納森悚然後退。
衝擊的一幕令人心跳加速。

簡單有趣的古典文學講義 其2

介紹女性感興趣的古典名作專欄！
將介紹浪漫的戀愛故語『伊勢物語』
及帥哥武將們登場的『平家物語』
兩個作品。由井原4人組為大家說明。

comic 吉本ルイス

第四段～第六段
本作品的男子
非常鍥而不捨
舉例來說，
主角業平
與嫁給皇帝的女性
「二條后」戀愛時…
公主
心、心愛的人啊……（僵）
當二條后在親人的幫助下躲藏後
他悲傷的吟詩……
月已非昔月
春亦非昔春
人事已全非
惟吾仍吾身…
他好不容易找到公主的藏身之處，
公主！我找到妳了！
儘管兩人的好事
被打斷……
嘿！這裡戒備可是很森嚴的！（僵）
靠著吟詩解決
無人知曉的
我戀愛通路的守護人啊
盼你每逢夜晚
都能假寐片刻
嗯
原諒你
去吧
只是覺得
聽你說話
很麻煩而已
太快了吧
來吧！公主，和我一起逃亡吧！
好的，心愛的人啊
我會永遠在你的身旁……
接下來是什麼
「好的 心愛的人啊 我會永遠 待在你的身旁」
（這裡是接吻鏡頭）
小抄
ガサ

我辦不到啊啊啊
拿出歌舞伎的精神來！
嗯
最後她還是被兄長們帶回去了，
這時男子才放棄這段感情。
大家覺得如何呢？接下來要介紹『平家物語』
平家物語　概要
記述追求權力的平家一族從繁榮到滅亡的軍記物語。作者不詳，據說始於鎌倉時代。以佛教的無常觀為基礎思想，描寫生於平安時代末期亂世人們的姿態。
無法坐視蠻橫的平氏，源氏武者們挺身而出，掀起平氏與源氏之戰！
就這樣拋棄平氏一族吧！
咕…
其中最有名的是「平敦盛臨死」的橋段。
一之谷戰役到了尾聲，源氏的武將熊谷次郎直實逮捕逃亡中的武將，他是平敦盛，還是十幾歲的少年。
竟然才…
……
快點取走我的項上人頭！
！
武士不需要有感情！
正當熊谷猶豫是否應下殺手時，敦盛對他怒吼：

熊谷淚眼婆娑的斬下敦盛的首級
如果沒有生於武術之家就不會遭逢此等憾事吧……
熊谷隨後出家。從這裡可以看到佛教的無常觀。
ドサ
啊~剛才真慘啊……
假髮
我在想啊……剛才介紹的書卷現代人看得懂嗎？
累癱。。。
咦……看得懂吧，很平常啊！
我完全看不懂耶！
蚯蚓字？
蛤？這寫得也太好了！
看不懂
這字體好有個性哦！是誰寫的啊？
我也看不懂
這個人。
あ…
第一次接觸古典文學時，建議閱讀白話文譯本。
但是，最後請務必朗讀原文閱讀哦☆
完

羅伯特・路易斯・史蒂文生

生於建築技術員的家族。由於體質虛弱，成長的過程中，屢次與疾病奮鬥。進入愛丁堡大學學習工學與法學，畢業後卻往文學之路發展。由於體弱多病，為了追求溫暖的氣候，前往各地旅行。享年44。

頭腦
同時習得建築工學與法學，理科與文科。
肺
孩提時期就為肺結核所苦。
腳
因赴各地療養而在世界旅行，在薩摩亞群島結束他的一生。

本名
羅伯特・路易斯・巴佛・史蒂文生

生卒年
1850年～1894年

出生地
蘇格蘭 愛丁堡

相關關鍵字
土木工程、律師、病弱、各地療養、薩摩亞群島、Tusitala（說故事的人）、化身博士、光與風與夢

illustration&comic やましろ梅太

獻給少女的♥好萌！的軼事

與妻子差了十一歲！病弱男子的「真心」是？

史蒂文生從一歲半時起，就為了不曾間斷的咳嗽與發燒所苦。體格弱小，就讀國小時也被同學欺負，據說只能待在自己的座位上，等待課堂結束。

懦弱的他，喜歡比自己年長的姐姐，二十七歲時，愛上長自己十一歲，有夫有子的芬妮．奧斯朋。當芬妮受不了丈夫外遇而離婚時，他還大老遠的去迎接她和兩個孩子。儘管史蒂文生體弱多病，他還是熬過了十多天的旅程，展現「男子氣概」。但是好不容易見到芬妮時，他的體力用盡，只能倒在她的懷裡。娶芬妮為妻之後，與她的孩子也保持良好的關係，據說他與孩子們的關係有如朋友，在相處的光陰中寫成名作『金銀島』。

薩摩亞群島的原著民，視史蒂文生為當地的首領，找他解決各種疑難雜症。事實上，薩摩亞有著部落抗爭與政治方面的問題。美國與英國都想將薩摩亞群島當成殖民地，因此部落們也為了與哪一個國家締結友好關係而動搖。據說史蒂文生傾聽他們的問題，從法律知識與自己的人生經驗中，給予他們適當的建議。

迷你作品傾向解說

描寫人類雙面性的名作 傑克與海德的模特兒是!?

由於赴各地療養而前往各地旅行的經驗，史蒂文生初期執筆散文與遊記，後來開始撰寫冒險小說與玄奇小說。

以海洋冒險小說『金銀島』一砲而紅，然而後來完成的小說『化身博士』也是他的代表作。本作品的模特兒是他故鄉的罪犯——威廉・布洛迪，雖然貴為議員，卻犯下竊盜等罪嫌的人物。

史蒂文生採用「善」與「惡」這兩個對立觀念的雙重人格精神病題材，創造了範疇超越娛樂小說的文學作品。此外，他暗喻任何時代都會出現在社會上的雙面性，也是本作受到全世界接受的理由吧！

『金銀島』的靈感來自繼子洛伊半開玩笑畫的虛構航海圖。史蒂文生每次都會將各章讀給家人聽，15天內就完成了15章。人們說此冒險小說寫得像是閒聊。如果沒有與孩子們的歡樂時光，也許就不會出現這部作品了。

著作介紹

得到金銀島地圖的少年，前往冒險之旅！

書名：金銀島
出版社：岩波書店
作者：史蒂文生
（譯者：阿部知二）

主角吉姆在偶然的機會下，得到海盜福林特船長埋的藏寶圖。他在獨腳男子——西爾法的協助下出海前往金銀島……？本作是史蒂文生為了繼子而寫的，是一本大家耳熟能詳的兒童冒險小說。

化身博士

海德
歐特森
律師
傑克博士的
老朋友
傑克博士

用壽司（快速到中途）了解
化身博士

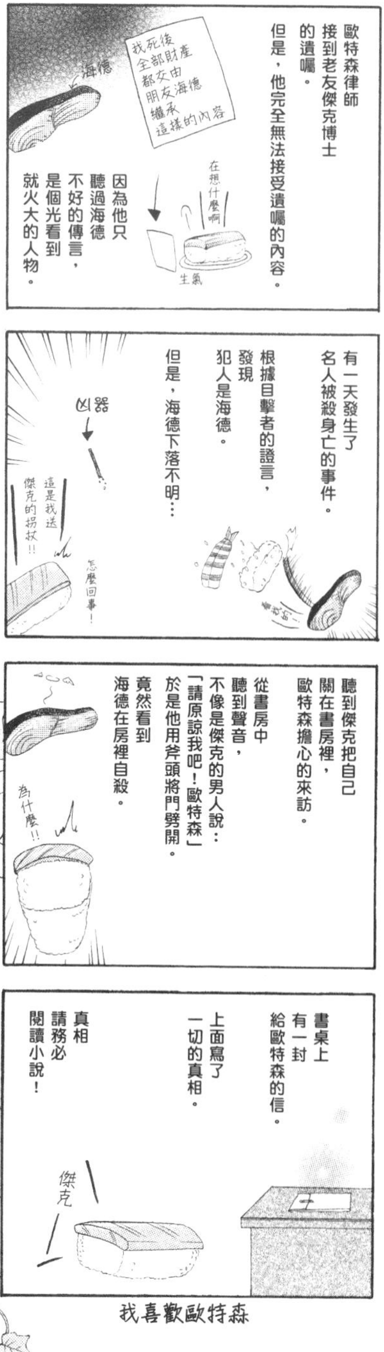

歐特森律師接到老友傑克博士的遺囑。
但是，他完全無法接受遺囑的內容。
我死後全部財產都交由朋友海德繼承這樣的內容
海德
在想什麼啊
生氣
因為他只聽過海德不好的傳言，是個光看到就火大的人物。
有一天發生了名人被殺身亡的事件。
根據目擊者的證言，發現犯人是海德。
但是，海德下落不明……
凶器
這是我送傑克的拐杖!!
怎麼回事!
聽到傑克把自己關在書房裡，歐特森擔心的來訪。
從書房中聽到聲音，不像是傑克的男人說：
「請原諒我吧！歐特森」
於是他用斧頭將門劈開。
竟然看到海德在房裡自殺。
為什麼!!
書桌上有一封給歐特森的信。
上面寫了一切的真相。
真相請務必閱讀小說！
傑克—

我喜歡歐特森

讓・尼古拉・阿蒂爾・韓波

有著軍人父親與嚴格的母親。父親幾乎很少回家，與兄妹一起在母親嚴格的教育下成長。其後，離開家裡，與情人一起到世界各地流浪。放棄作詩後，成為武器商人。罹患骨肉瘤，於37歲夭折。

頭腦
在學校曾數次取得第一名，榮獲表揚的秀才。
臉
讓長10歲的情人瘋狂迷戀的美貌。
腳
有流浪癖，常常到處亂晃。

本名
讓・尼古拉・阿蒂爾・韓波

生卒年
1854年～1891年

出生地
法國 沙勒維爾-梅濟耶爾

相關關鍵字
象徵詩、保羅・魏爾倫、地獄一季、衣索比亞皇帝、武器商人、早熟的天才、畢卡索、中原中也

illustration&comic 乾みく

獻給少女的♥好萌！的軼事

與有妻之夫私奔 結局是殉情未遂

韓波十八歲時，愛上大自己十歲的詩人保羅・魏爾倫。年長的情人魏爾倫深深著迷於韓波的美貌與才華，身心都為他而瘋狂，拋妻棄子選擇兩人私奔。兩個人手牽著手在世界各地流浪，耽溺於極不正常的同性戀情中。然而，極度浪費的韓波與無法放下妻子的情人經常發生衝突，也曾經鬧到差點出人命。

有一次，魏爾倫感覺韓波想要提出分手，他說了：「我不可能允許！」後，拿手槍開了兩槍，引發共赴黃泉的事件。韓波的手雖然受了傷，當魏爾倫遭到逮捕時，卻沒有提出上訴，展現他的愛情。在電影『全蝕狂愛』（克里斯多夫・漢普頓著）中，也描述兩個人之間的關係。

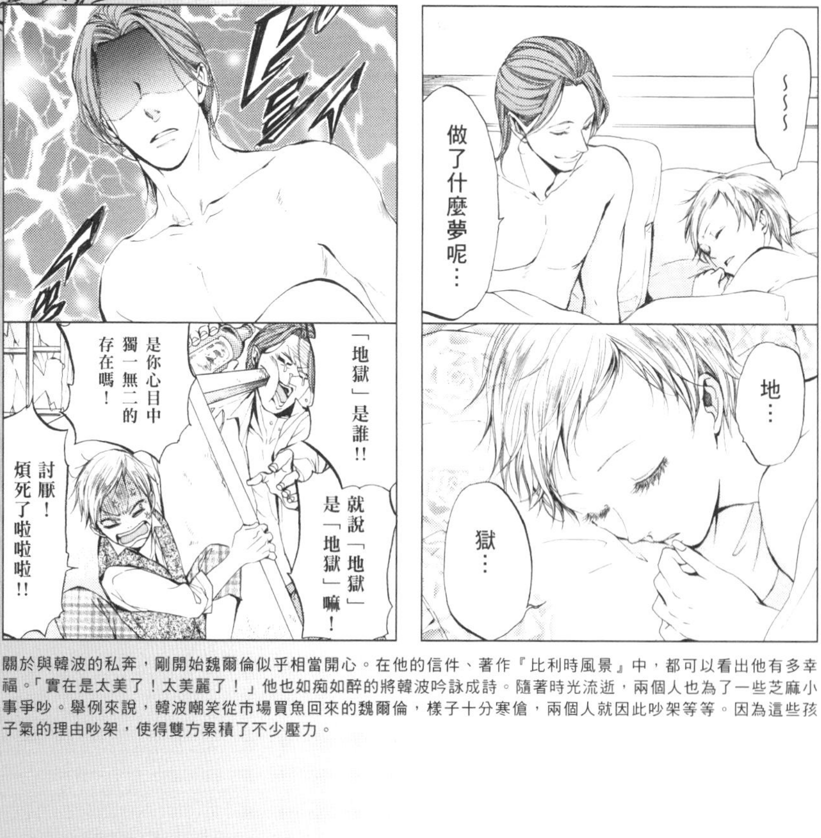

做了什麼夢呢…
地…
獄…
「地獄」是誰!!
就說「地獄」是「地獄」嘛！
是你心目中獨一無二的存在嗎！
討厭！煩死了啦啦啦!!

關於與韓波的私奔，剛開始魏爾倫似乎相當開心。在他的信件、著作『比利時風景』中，都可以看出他有多幸福。「實在是太美了！太美麗了！」他也如痴如醉的將韓波吟詠成詩。隨著時光流逝，兩個人也為了一些芝麻小事爭吵。舉例來說，韓波嘲笑從市場買魚回來的魏爾倫，樣子十分寒傖，兩個人就因此吵架等等。因為這些孩子氣的理由吵架，使得雙方累積了不少壓力。

迷你作品傾向解說

濃縮了青春的詩歌！最後的詩裡隱藏的意義是？

韓波宛如彗星一般，乍現於當時的文壇。他留下的是反映了十六～十九歲的生活方式，可說是直接表現青春的自傳性詩作。他的作品屬於由波特萊爾開始的「象徵詩」派系，人們認為他的作品是超越波特萊爾的傑作。我們可以在『地獄一季』、『彩畫集』等散文詩中感受到他的神髓，更早之前的韻文詩也可以看出詩的音樂性。

韓波的代表作『地獄一季』，採用的是向讀者報告在「地獄」度過夏季的體裁。本書最後一首詩「永別」，則是與這個「地獄」的告別——寫的是與情人的告別、更是與身為詩人的自己告別。

韓波在這部作品中，表明將與文學斷絕關係。

笨蛋…這樣你會被逮捕哦
嗚嗚…
那傢伙現在應該受到嚴格的偵訊吧…
在地獄中小憩的時刻嗎……
刑警先生，請聽我說啊！
我們一開始也很相愛的啊！更具體的說是○×△□……
你在聽嗎？
啊…嗯…
小山
糟了
接下來才是真正的（羞恥PLAY）地獄啊！

韓波在聖約翰醫院取出手腕中的子彈，撿回一命。事件發生後，魏爾倫在偵訊時吐露，犯罪時處於「完全爛醉的狀態」。後來韓波與出獄的魏爾倫見面，但是兩個人的關係卻再也回不去了。

著作介紹

青春正盛，男子特有的光輝詩作

Arthur Rimbaud
ランボー詩集
堀口大學訳

書名：韓波詩集
出版社：新潮社
作者：韓波
（譯者：堀口大學）

韓波十幾歲時就創作出多首膾炙人口的詩。由於作詩的時代並不算長，留下來的詩也絕對稱不上多。網羅了包含傑作『醉舟』在內的代表作。

『地獄一季』
韓波寫於十幾歲的
散文詩集
「啊啊，少年時，草啊，雨啊，小石子上的湖啊，
鐘塔宣告十二點時的月光…
在這個時期，惡魔棲息於鐘塔之中──」

忍不住想要下個中二的副標題『這世上充滿謊言與偽善』，
在這本詩集中，隨處可見少年時期特有的光輝。
不知是幸亦或是不幸，韓波少年覺醒自己的詩人本質。『地獄一季』是他無法忍受『凡夫俗子在不自覺中撒的謊』，確信自己的使命是『將被俗子污染的語言再度回歸純粹的形式』，而創作的作品。

乍看之下，我們可以強烈感受到激烈的俗事批判與文明批評，其中從『毫無任何真實的世上』（所見的一切全都如地獄一般）也可以窺見他纖細的感性。韓波對世上污穢部分抱著攻擊性的姿態，還有如玻璃心般脆弱的落差，讓本書充滿魅力！

奧斯卡・王爾德

父親是醫生，母親是詩人。在都柏林的麥格達琳學院學習古典文學後，進入牛津大學。後來進行耽美主義活動，執筆小說、詩、童話、戲劇等等。身為時代寵兒的同時，因犯了男色罪而入獄。享年46。

本名
奧斯卡・芬葛・歐佛雷泰・王爾德

生卒年
1854年～1900年

出生地
愛爾蘭 都柏林

相關關鍵字
耽美主義、婦人世界、格言、男色、快樂王子、不可兒戲

眼睛
以速讀自豪。
只要0.5小時
就能讀完3本小說。
嘴巴
常常說出
帥氣的格言，
成了社交界的寵兒。
頭髮
堅持留長髮。
最喜歡
有蓬鬆的大捲度。

illustration&comic パトリシアーナ菊池

獻給少女的♥好萌！的軼事

孩提時期竟穿過女裝!?因對同性的猥褻行為遭受逮捕……

在雙親的希望下，王爾德在孩提時期曾經穿過女裝，他最喜歡美麗的事物。在牛津大學留下優秀的成績，從這個時候起，他服裝就很華麗。據說他住的房間裡也有過多的裝飾。當初還喜歡異性，過了三十歲之後就沈溺於同性戀。愛上十五歲～近二十歲的少年，與幾個少年發生過關係。其中他最愛的就是小自己十六歲的文人——阿爾弗萊德．道格拉斯。寵愛戀人的王爾德總是被任性的情人耍得團團轉，但兩人也曾經一起旅遊，度過歡樂的時光。然而他被阿爾弗萊德的父親告上法院，因與同性發生猥褻行為遭受逮捕。後來他過著被眾人遺忘的寂寞人生。王爾德的葬禮只有極少數的人參加。

由於兒子阿爾弗萊德走向同性戀之路，道格拉斯侯爵氣急攻心。於是在王爾德住的地方，留下「雞姦者，奧斯卡．王爾德」的草寫留言。他把「雞姦者」的草寫寫成「Somdomite」。正確的應該是「Sodomite」。朋友們說服他無視這個侮辱。「萬一鬧上法庭，審判的陪審員們將會同情侯爵，他一定會被判無罪。這樣一來，世人反而會認為王爾德做了不道德的行為哦！」，儘管大家如此威脅他，當事人還是聽不進去。

戲劇「莎樂美」禁止在英國公演
可惡！
有什麼不對的…這樣的話我全部重寫算了！
首先將登場人物全改成男的…
莎樂美也是男的，他愛上被捉住的聖人…
雖然嘴巴說著不行不行基本上該做的事都做了
後來以甜甜蜜蜜收尾…
這不成了同人誌嘛！
撕破
老…老師!?

奧斯卡・王爾德的劇本『莎樂美』先以法語出版，之後再由王爾德的情人阿爾弗萊德翻譯成英文。在英國禁止公演的理由之一，是親吻聖人的首級等等不道德的內容，更實際的理由卻是找不到飾演莎樂美的演員。除了要會唱歌，還要擅長跳舞，又設定成15～16歲，要求年輕貌美的肢體。

迷你作品傾向解說

世紀末藝術的代表 以戲劇聲名大噪

奧斯卡・王爾德留下詩、小說、戲劇等等類型廣泛的著作。他的名字也是「耽美主義」的代表，拋棄道德概念，以美的形成、享受為價值。又被稱為「世紀末的藝術」，提到十九世紀末到二十世紀初期的夢幻、神秘、頹廢的藝術時，常常會提到王爾德的作品。

他的風格是辛辣與巧妙的機智，寫出充滿諷刺、社論、喜劇與浪漫等等完成度高的戲劇。王爾德被認為是十九世紀末倫敦最成功的劇作家之一。

諷刺當時社會的喜劇『不可兒戲』，在上演時可是掀起相當熱潮的傑作。登場人物幽默富機智的台詞，讓許多人在大笑的同時，又能佩服不已。

著作介紹

背德的內容，長期間禁演的劇作

サロメ

書名：莎樂美
出版社：岩波書店
作者：王爾德（譯者：福田恒存）

希律王殺了兄弟，奪過他的王妃並即位。王妃的女兒──莎樂美公主妖艷美麗，使他感到迷戀不已。她想要的賞賜竟是預言家的首級……。後來史特勞斯將這個劇本重新改編為歌劇，非常暢銷。

奧斯卡·芬葛·歐佛雷泰·王爾德
「快樂王子」

摘要

一個是高聳於城鎮中央，擁有自我人格的金箔王子雕像，
一隻是飛到各處，跟王子聊各種話題的燕子，
為了陷於各種勞苦與悲傷中的人們，
憑著博愛的心，王子將自己擁有的寶石與包覆自己的金箔
請燕子分送給大家，最後自我犧牲的故事。

重點在於王子與燕子道別的場景。
燕子在王子的請求下，幫助貧苦的人們，
逐漸愛上了王子。

領悟到自己死期將近的燕子，最後
對王子說：
「心愛的王子殿下，我可以親吻你的手嗎？」
王子告白「請親吻我的唇吧。
我也愛你。」
於是燕子吻了王子的唇之後死去。
緊接著，王子的心臟也發出聲響，碎裂了。
王子無法忍受燕子的死亡吧！
兩人的羈絆令人揪心。

日本文學家繪卷

~芥川龍之介~

第3卷

背負母親發狂的黑暗過去，即使身為人氣流行作家，芥川龍之介的私生活依然波濤洶湧。讓我們探討服用安眠藥自盡的他的生涯及代表作。

人生就像一盒火柴。小心處理顯得很愚蠢。不小心處理又很危險。

波濤洶湧的誕生 龍之介恐懼的是？

由於龍之介的母親罹患精神疾病，他出生後不久，就送給母親的親戚照顧，度過波濤洶湧的幼兒時期。由於他體弱多病，上小學時也經常被霸凌。但是龍之介的家庭愛好文學，他很早就喜歡上閱讀。也許是這個關係，中學時代的英文與漢文等等文科都有很好的成績。

即使有個優秀的頭腦，龍之介似乎終生都為虛弱的身體所苦。也曾經在旅行後，臥病在床長達數個禮拜。然而讓龍之介最痛苦的，應該是恐懼自己也會像母親一樣罹患精神病吧！

個人檔案

明治25年（1892年）生於東京市京橋區。出生後幾個月，被芥川家收養。以優秀的成績從府立第三中學校畢業，進入第一高等學校後又進入東京帝國大學。就學中，著作『鼻子』獲得夏目漱石的讚賞，於是在文壇出道。畢業後擔任英語教師，同時進行執筆活動。35歲時服用安眠藥自盡。代表作為『羅生門』、『鼻子』、『杜子春』、『蜘蛛之絲』等等。

illustration yoco

『杜子春』

1920年，發表於雜誌『紅鳥』的小說。是為了青少年所寫的童話作品，原著是中國的傳記『杜子春傳』。

概要

主角杜子春的生活放蕩，散盡家財，有一天他遇到一個不可思議的老人。在老人的協助下，他又成了富翁，但是又過著放蕩生活，再度一無所有。杜子春感到厭倦，於是要求成為老人的弟子，成為仙人……？

受到瘋狂的遺傳威脅的龍之介在自殺的三天前……？

據說龍之介彬彬有禮到近乎異常，個性謹慎。也許是他個性惹的禍，常常捲入各種麻煩裡。為了媒人夫妻調停而奔走，也為了義兄的火災擦屁股等等忙個不停。再加上他的眼前又出現了透明的齒輪，增加了精神方面的不安。帶給他最大衝擊的，是好朋友宇野浩二出現精神異常的症狀。由於這件事帶來的契機，他認為自己將要發瘋了，只能自殺。

在龍之介自殺的三天前，他去找有自殺經驗的女性——佐多稻子。龍之介詳細的問她，自殺時服用了什麼東西。稻子覺得很不可思議，為什麼要問她這些事情。自殺當天，龍之介留下這樣的俳句。「自嘲 紅紅的鼻尖 是擤鼻水變紅的呢？還是被夕陽照紅的呢？」龍之介服下致死份量的安眠藥，在閱讀聖經的同時陷入睡眠，後來再也不曾醒過來。

杜子春與仙人約定，到約定的時刻之前都絕對不能開口。妖魔鬼怪讓他感到害怕，落到地獄裡也不開口。但是看到母親被變成馬匹，受到鞭打，他還是出聲了……？

平凡人類的幸福 龍之介理想的人生是……？

不需要太多的金錢，也不需要特別的能力。『杜子春』就是讚頌一個平凡的人類，活著時擁有愛情的幸福。龍之介到死為止都畏懼著自己黑暗的過去，也許我們可以在本作中找到他不斷尋求的人生吧！

亞瑟·柯南·道爾

父親任職於愛丁堡市建設局。大學修習醫學後開設診所，利用等待病患的閒暇時間寫小說。28歲時，執筆夏洛克·福爾摩斯系列的第一部作品。後來在波耳戰爭爆發時，參加醫療志工團。享年71。

頭腦
沈迷於心靈學
加入英國心靈現象研究協會。
眼睛
在普茲茅斯與倫敦
開設眼科診所。
身體
其實是個運動愛好者。
擅長板球。
手
最喜歡打撞球。
技巧也相當高明。

本名
亞瑟·伊格納修斯·柯南·道爾

生卒年
1859年～1930年

出生地
蘇格蘭 愛丁堡

相關關鍵字
夏洛克·福爾摩斯、推理小說、波耳戰爭、船醫、騎士爵位、心靈學、科丁利精靈事件、心靈主義的聖保羅

迷你萌事！

道爾有個酗酒的父親、嚴格的母親，從小在吵鬧不休的家庭中成長，成了一位有點陰鬱的少年。他在大學時認識約瑟夫·貝爾教授，對他帶來很大的震撼。教授運用獨門的讀心術，準確說中初次見面者的症狀與個性。也許是留下太強烈的印象，道爾以教授為模特兒，創造出世界知名的夏洛克·福爾摩斯。

illustration yoco

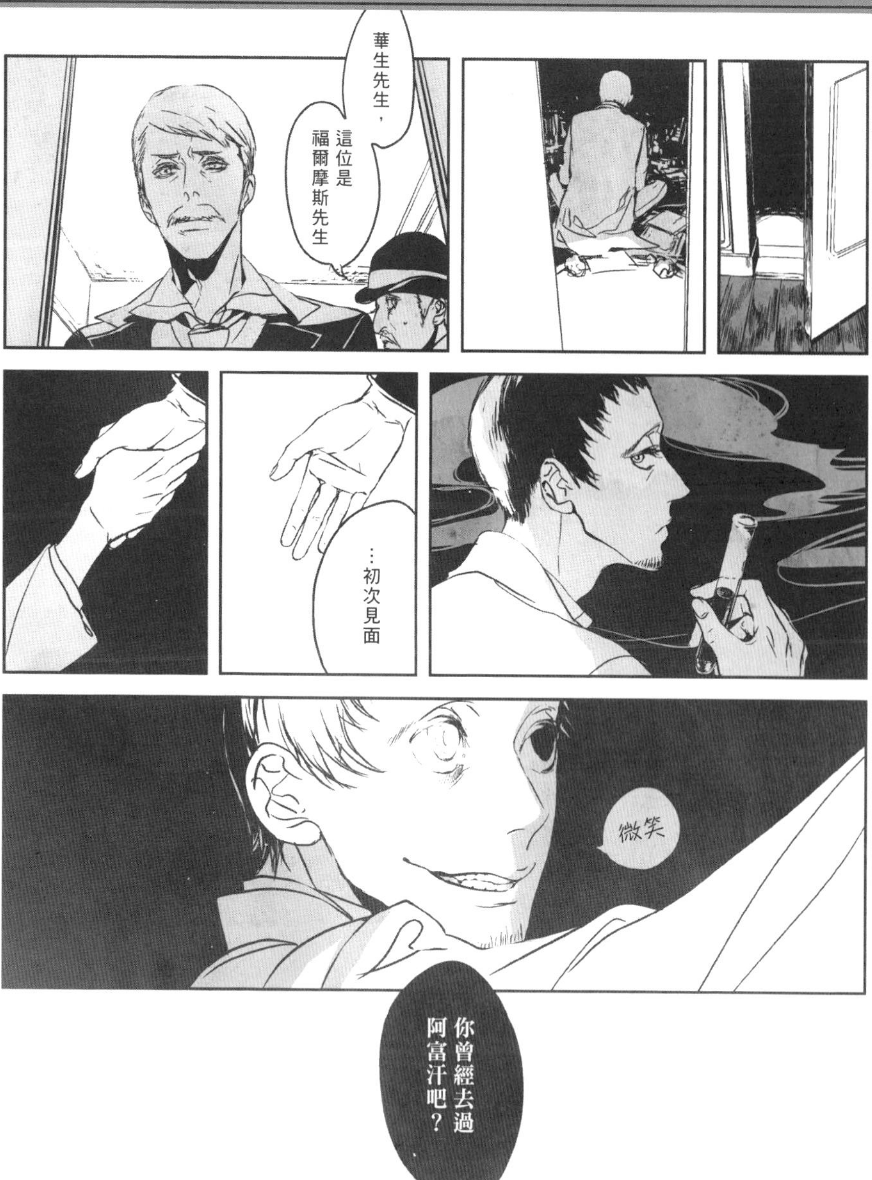
華生先生，這位是福爾摩斯先生
…初次見面
微笑
你曾經去過阿富汗吧？

「血字的研究」

SHERLOCK HOLMES

夏洛克・福爾摩斯

最近又再次搬上大螢幕，讓我連上4次電影院的可怕作品…。
福爾摩斯與華生那種「在一起很理所當然？」的空氣讓人心癢難耐。
英國紳士機智的對話也教人受不了…。

法蘭茲・卡夫卡

生於猶太商人家庭，在嚴格父親的教導下成長。從布拉格大學的法學院畢業之後，就職於勞動災害保險協會，利用工作閒暇開始寫小說。長期受到肺結核與喉結核所苦，過著不健康的生活。在療養院結束41歲的人生。

耳朵
個性文靜，擅長傾聽。
總是微笑聽別人說話。
頭腦
非常杞人憂天，
定要隨身攜帶安全帽。
手
最喜歡書信聯絡。
用大量信件培養愛情。
腳
興趣是運動！
特別喜歡網球與溜冰。

本名 法蘭茲・卡夫卡

生卒年 1883年～1924年

出生地 奧匈帝國（現在的捷克）布拉格

相關關鍵字 結核、杞人憂天、安全帽、不安、存在主義、文科中學、療養院

illustration&comic 田倉トヲル

獻給少女的♥好萌！的軼事

重視執筆活動更甚於戀愛？與女性關係僅止於書信往來

終生未娶的卡夫卡也有過幾段戀曲，但是他的戀愛非常獨特。朋友介紹女性給他，過了幾個月之後突然寄信給對方，要求交往。當女性說OK時，他並不是見面培養愛情，而是以大量信件攻擊。書面中非常熱情，也順利交往到訂婚了，到了結婚這一步，他卻認為「會不會沒時間寫書了？」而一直裹足不前。卡夫卡杞人憂天到病態的程度，不安的認為「不結婚應該比較好吧！」據說也曾經送給女朋友「結婚損益對照表」。

當女方再也無法忍受卡夫卡的拖拖拉拉時，他竟然說：「那就分手吧！」解除了婚約。因為這樣的事情發生好幾回，也許卡夫卡的戀情傾向也像他的作品主題一樣「不合常理」吧！

到公園散步是卡夫卡每天都要做的事，為了安慰遺失玩偶的少女，據說他每天都寫信給少女。雖然他有一顆這麼溫柔的心，對自己的評價卻很低。他在日記與信上，寫了幾個自己的缺點。像是不機靈、不擅長與別人交往、猜疑、膽怯、過度小心翼翼……。他似乎很冷靜的審視自己，但與周邊人們對他的評價有些出入。朋友眼中的卡夫卡是「文靜、客氣，還有很溫柔」。

馬克斯，我只能告訴你這個好朋友了…
什麼？怎麼了？
咦！
我去公園散步的時候，有一顆棒球飛了過來正好打在我的頭上…
你不要緊嗎!?
不要緊
可是，當疼痛消失後，我感到一股毫無來由的不安…
…現在是在夢裡還是現實呢？我已經搞不清楚了。還有我眼前的世界有時候會突然變了個樣子…
你看現在視野也很模糊…
那是因為你失血過多啦！快去醫院！

卡夫卡很重視健康，每天都要去散步與做日光浴。相反的，工作結束後，他會寫小說到天亮，小睡一下再去上班，這麼糟糕的生活，他竟然持續了20年之久。從這件事可以看出卡夫卡將寫小說擺在自己健康之前的熱情。

迷你作品傾向解說

作品的主題是不合常理「尋常」會突然變為「非尋常」

卡夫卡又稱為「存在主義的先驅」，留下的作品以人類存在的不合常理為主題。慣常採用「夢理論」手法——尋常事物偶因某些事故而變為非尋常的，這是他作品的特殊風格。再加上童話或寓言式的舞台設定，以複數觀點展開故事的手法，有人說這對電影帶來很大的影響。現在他獨特的作風得到很高的評價，他生前發表的作品以短篇為中心，數量非常少。

卡夫卡的父親似乎希望他繼承家業，但是本人毫無意願，只是專注在創作上。因此，父親對兒子感到焦慮與煩惱。卡夫卡拋棄了他所謂的「不可理解的家人」，將自己的人生賭在小說上，創造出虛構與理實曖昧交錯的世界觀。

著作介紹

早上醒來變成蟲!?描寫惡夢般的事件

FRANZ KAFKA
変身×カフカ
DIE VERWAND-LUNG

書名：變形記
出版社：新潮社
作者：法蘭茲．卡夫卡（譯者：高橋義孝）

描述男子早上醒來不知怎的竟然變成一隻巨大的蟲，以及他的家人的故事。可說是彙集卡夫卡精華的最高傑作。變成蟲並沒有原因也沒有理由。作品真實描寫了非現實的惡夢，表現了現代人的不安與孤寞。

~精彩之處~

『變形記』有趣的地方在於變成蟲的格里高，與家人及公司經理第一次打照面的時候。結果母親倒在地上，父親放聲哭泣，經理則是大叫著逃跑了。格里高想要追上經理，可是被父親拿棍棒打傷，被趕回自己的房間裡。當我們同情遭遇悽慘的格里高時，家人們驚慌的模樣也有點可笑。

格里高

變成蟲之後照常出門上班，為雙親著想，希望妹妹可以進入音樂學院的勤勞哥哥。對於變成蟲這件事，有一些自己也無法完全掌握的部分，興趣是爬牆，趴在天花板上會讓他感到非常幸福，適應力相當強，還蠻可愛的。變成蟲之後他的嗜好也跟著變了，喜歡的食物變成廢棄的起司與腐敗的蔬菜。讓他感到安心的地方則是長椅子下方。

『變形記』常常被舉為陰沈的作品，但是當卡夫卡在朋友馬克斯面前朗讀時，據說他是邊笑邊讀的。說不定這個作品原本是喜劇呢！

本書出版時，據說卡夫卡特別交待封面上「不可以畫昆蟲」。因此有人認為人類變成蟲不單純為幻想，也包含了暗喻。目前以「變身為蟲」=「身體方面的障礙」的解釋為主流。再次閱讀之後，感覺像是實際上會發生在某個人身上的悲劇，給人不同的印象呢！

葛蕾特

格里高心愛的妹妹。儘管感到害怕，仍是家裡唯一願意照顧格里高的人。但是她也逐漸…。是本作表現對家人的諷刺的象徵性存在。

法蘭茲・卡夫卡『變形記』

FRANZ KAFKA "DIE VERWANDLUNG" 1915

~概要~

平凡的單身業務員格里高
有天早上醒來突然變成巨大的毒蟲。
他擔心蹺班會被開除，於是以蟲的模樣出現在經理與家人之前。
看了他的模樣，經理逃跑，父母大哭後昏倒。
雖然格里高聽得懂人話，但是並沒有人懂蟲的話。
於是他展開了孤獨與不安的生活，
但是生活慘遭破壞的家人，祈求蟲快點死亡……？

霍華德・菲利普・洛夫克拉夫特

頭腦
業餘文藝家們的老師。
眼睛
最討厭魚貝類。也影響了克蘇魯神話。
手
擅長刪改。交出去的原稿常常都是滿江紅。

幼年時期就熟悉天文學，6歲時就開始寫故事。因體弱多病之故，放棄就讀大學，也曾經一度封筆，後來再次展開執筆活動。以『詭麗幻譚』這本玄奇小說專門雜誌為舞台，發表了多部名作。46歲病逝。

本名 霍華德・菲利普・洛夫克拉夫特

生卒年 1890年～1937年

出生地 美國羅得島州普羅維登斯

相關關鍵字 宇宙驚悚、克蘇魯神話、書信聯絡、貓、阿卡姆瘋人院、詭麗幻譚、奧古斯特・德勒斯

迷你萌事！

以恐怖作家聞名的洛夫克拉夫特最喜歡的就是貓。某天晚上，愛貓在他的膝蓋上睡著了，他整晚都小心翼翼，默默的守護著，以免吵醒牠。他屢次讚美貓，留下『烏爾塔的貓』、『卡達斯尋夢記』等作品中，都充滿對貓的愛情。

illustration 高野弓

洛夫克拉夫特「克蘇魯的呼喚」
故事寫的是遠古之初。
支配地球，名為「舊日支配者」的怪物們，
與神話中的最大魔書「死者之書」。
利用這些設定
由多名作者獨力創作的作品
總稱為「克蘇魯神話」
主角根據伯父留下的不明資料
逐漸得知稱為克蘇魯的舊日支配者
與崇拜他們的教團的存在
遭遇怪物，平靜海面的詭異感
讓人忍不住沈迷其中的恐怖小說

尚・惹內

由娼妓之母生下後遺棄。完全不清楚父親的事情。10歲起就開始竊盜，犯下小偷與男娼的罪嫌，多次被捕入獄，還是寫了詩、戲劇、小說。因癌症發病身體衰弱。享年76。

臉
孩提時期是「女性化的」美少年。
手
任何事物都能立刻偷到手的手。
心
為心愛的人奉獻一切！

本名
尚・惹內

生卒年
1910年～1986年

出生地
法國巴黎

相關關鍵字
監獄、犯罪、流浪、美少年、尚・考克多、尚-保羅・沙特、五月革命、賈克梅蒂、黑豹黨

illustration&comic パトリシアーナ菊池

獻給少女的♥好萌！的軼事

從少年時代就過著小偷人生
因特赦從無期徒刑解放！

惹內從小時候就學會偷竊，因小偷、猥褻、同性戀、男娼等等多種罪名，數次入獄。由於多次犯罪，再加上在牢裡還寫色情小說，所以被判終身監禁，在考克多、沙特等等心儀惹內才能的作家們的幫助之下，四十五位知名作家連署要求減刑。最後在法國總統的特赦之下獲釋。但是後來，又因為不喜歡考克多介紹的人，兩人就不相往來，沙特以『聖惹內』赤裸裸的描述惹內的生涯，惹得惹內不開心，發揮了情緒多變的一面。

另一方面，他是那種會為了喜歡的男人奉獻一切的類型。像是照顧對方的生活，贈送跑車等等……。「深愛罪惡」的小偷作家，也是名為愛飢渴的男子。

受到法國總統的特赦，惹內免於終身監禁。
怎麼了？你不高興嗎？
くっ…
你一定會要求我的身體做為減刑的回報吧…啊啊，有股敗德的氣氛！
さめざめ
太好了惹內！
因為大家的力量，總統也認同你了！
ぐす
好吧！這是贏得自由的代價！抱我吧！
バッ
你搞錯了…
不要脫衣服啦！

惹內在推定執筆『竊盜日記』的1948年，受到第10次的有罪判決。拜解放運動之賜，他獲得釋放，一定很感謝這些為了自己自由而奔走的人們。在獲釋之後，惹內精力十足的進行執筆活動。不知道是不是為了感謝，他將『竊盜日記』獻給解放運動的中心存在──沙特，以及沙特真實生活中的夫人「Castor」，也就是西蒙・波娃。

剛才真是抱歉…我誤會了。
啊，哦哦…
我想要表現的是惡之美…
不管被關幾次我都不會改變這股信念。
惹內…
你不覺得罪惡很棒嗎？從罪惡才能看到人類真正的姿態！被多數人忌諱與厭惡的罪惡，我肯定它的美！
キラ
キラ
所以…快點脫嘛，
從剛剛的話裡，哪一段有我脫衣服的理由嗎!?

惹內在代表作『竊盜日記』中，希望成為「惡之聖者」。並且讚美罪惡中最為人所忌諱的「背叛」。比起人類的關係與愛情，惹內選擇忠於「罪惡」。儘管獲得釋放，他為了遠離名譽、與他人的牽扯及與社會的關係等等，據說一度下落不明。

迷你作品傾向解說

讚美反社會行為的作風 罪惡讚歌吸引讀者

惹內的男色小說描寫極致完美、尺度非常大膽的男性性愛，在世界文學史上也是非常罕見。惹內讚美同性戀與竊盜等反社會行為，官能性的歌頌等作風，有人評為「邪惡禮頌」，以文壇為中心，為許多人帶來衝擊。

惹內作品的特徵並不是從外側談「惡」，而是自己化身為「惡」，並且訴說「惡」的姿態。

他的文學作品受到社會的責難與厭惡，這是因為他把自己置身於污穢的環境中，才能孕育出這樣的作品。他深愛著自己唯一被賦予的「污穢境遇」。由於這份愛，他在「惡」中找到美——甚至是神聖，這也是貫徹他全篇作品的雛形。

著作介紹

男色、竊盜…以小說體寫出激進人生

泥棒日記
ジャン・ジュネ／朝吹三吉訳
新潮文庫

書名：竊盜日記
出版社：新潮社
作者：尚・惹內（譯者：朝吹三吉）

「你是小偷！」。10歲時被人發現偷竊，送進感化院，不久脫逃。後來，歷經數次入獄，進行偷竊與男娼行為，在歐洲各地流浪……。自傳要素強烈，惹內的代表作。

尚・惹內「竊盜日記」

摘要

惹內本人著作的自傳性小說。1930年代，尚只披著破布，
在飢餓、蔑視、疲勞等痛苦中賣春，
在歐洲各地流浪。西班牙、義大利、奧地利、捷克斯洛伐克、波蘭、
納粹黨政權下的德國、比利時……。但是到哪裡都一樣。
借宿在可疑的酒店。偷竊、私售毒品、
製作偽鈔、羈押然後被趕走。一個性與暴力的故事。

尚在書中寫道「讚美罪惡」、
「惡越純粹，我越愛它」。
從賣春、竊盜到強盜
他犯下一切罪行。
其中最引人注目的就是賣春＆暴力情節。
為了賺取情人與自己的生活費，尚開始賣淫。
誘惑男人，將男子帶到港口附近的倉庫。
趁男人向後看的時候，尚出其不意的毆打他。
一陣痛打之後，尚用繩子綁住男人的手腕。
然後除了錢包之外，就連懷錶都搶走。
完全沒有良心的呵責，
他純粹的「惡」的模樣令人心動。

日本文學家繪卷

～宮澤賢治～

宇宙無止境的變化
誰比誰好
還是誰的工作如何
我哪有時間管這些事呢？

宮澤賢治視他人之苦為自己之苦，到死為止都為了別人奉獻。他的詩與童話作品，在現代依然深受許多讀者喜愛，一起探討他的作品與生涯吧！

第4卷

幼時就熟悉佛教 個性非凡的好好先生!?

賢治從小就特別聰明。才四歲就會默背讚頌高僧德行的『正信偈』。也由於家人是虔誠的淨土真宗門徒，佛教對於賢治來說，是很熟悉的事物。

他是一個個性非常溫柔，深知他人痛苦的孩子。有一個賢治小學時的軼事。惡作劇的孩子受到懲罰，必須拿著盛水的碗，在走廊站一個小時，相當不好過。據說賢治獨自走到他的面前，把水喝掉，減輕他的重量。

他對於金錢也沒有執念。花卷農學校的教師時代，當時領的薪水很高，卻總是為錢所苦，原因是他把錢花別人身上，像是生病朋友的醫藥費、貧困學生的學費等等。

個人檔案

生於明治29年（1896年）。年幼時起便熟讀經文。從秀才學校——盛岡中學畢業後，以榜首進入盛岡高等農林學校。其後，執筆童話作品，同時任職花卷農學校教師。離職後遷至宮澤家的別墅，過著自給自足的生活。昭和8年，於37歲時病歿。代表作『銀河鐵道之夜』、『要求特別多的餐廳』，詩集『春與修羅』等等。

illustration yoco

『銀河鐵道之夜』

於1924年～1933年間，反覆修改與執筆，一直未完成，死後才被人發現本作的草稿。據說詩作『青森輓歌』是本作品的先驅作品。

概要

爵伴尼照顧臥病在床的母親，等待去打漁後一直下落不明的父親。被同學欺負，只有剛潘內拉這個少年對他好。某天夜裡，爵伴尼躺在空無一人的山丘時，聽見不可思議的聲音……？

在不可思議的聲音引導下，爵伴尼不自覺的搭上火車。剛潘內拉已經在火車上了。在和平常不太一樣的剛潘內拉陪伴之下，爵伴尼前往夢幻的銀河之旅。

妹妹死亡的震撼將頭鑽進壁櫥……？

由於賢治很重感情，當妹妹年子過世時，他的悲傷超乎人們的想像。在年子臨終之際，賢治和她一起頌經時，突然把頭鑽進隔壁房間的壁櫥，放聲大哭。由妹妹之死創作的『永訣之朝』等等詩作，至今依然膾炙人口。

銀河鐵道與法華經的關聯是？不停祈願他人幸福的賢治

據說賢治的思想，受到大乘佛教經典『法華經』的強烈影響。在『銀河鐵道之夜』中，爵伴尼為了「素未謀面的捕鳥人」祈禱，剛潘內拉為了「悔恨過去的蠍子」流下同情的淚水。這是感受他人的痛苦，除了自己的幸福之外，也希望大家幸福，這是賢治法華經精神的表現。

賢治在私生活中也為了改善農民生活而奮鬥，貫徹粗食生活，再加上農田工作的重勞動，削減睡眠時間進行執筆活動。不久後，賢治就因過勞與營養失調而逐漸衰弱，最後臥病。在他死亡的前一天，儘管罹患重度肺炎，還和來談稻作的人聊了二個多小時。

賢治直到最後都是為了別人而活。他告訴父親死的覺悟後，靜靜的嚥下最後一口氣。

阿爾貝・卡繆

父親在他出生不久後戰死。母親罹患聽覺障礙，在幾乎沒有對話的寧靜家庭中成長。17歲時，肺結核發作。1956年，於43歲時榮獲諾貝爾文學獎，是戰後最年輕的得獎人。46歲時因意外身亡。

臉
打扮時髦
受到女性歡迎的
花花公子。
身體
服裝品味極佳!?
文學界的
最佳造型獎。
手
以報社記者的身份
活躍於
報導領域。

本名
阿爾貝・卡繆

生卒年
1913年～1960年

出生地
阿爾及利亞（法屬）蒙多維

相關關鍵字
諾貝爾文學獎、結核、不合常理、反抗、尚－保羅・沙特、左派、生、馬克斯主義、革命

illustration&comic 高野弓

獻給少女的♥好萌！的軼事

華麗的現身於文壇
離奇死亡的傳說

卡繆具男子氣概，又廣受歡迎。他帶有一股不知名的陰鬱氣息，刺激了女性的母性本能，據說就連有男朋友的女性，在卡繆面前都會為他迷倒。卡繆為了貧窮，以及當時的不治之症——結核所苦。自從他十七歲時，在足球比賽中吐血之後，他總是意識著病死，「也許我快死了」，同時持續創作作品。

後來，他以戰後最年輕的得獎人身份，於四十三歲時獲得諾貝爾文學獎，並且在三年後面臨離奇的死亡。原因並不是因為他持續恐懼的結核，而是車禍。事發地點是一條筆直的道路，朋友駕駛的車輛疾速前進時，突然偏離路線，撞上樹木。意外原因至今仍是一個謎。

啊，是沙特老師和卡繆老師……
兩個人正熱烈的爭執當中！
沒、沒關係嗎？老師！和沙特老師這樣……
無所謂…我想我和那傢伙一輩子都無法互相理解！
夠了！我要和你絕交！
那是我要說的話！
居然會有人說橘子醬比較好！
ギリッ
在聊果醬嗎!?

以卡繆的評論『反抗者』為開端，卡繆與沙特的辯論造成兩個人的決裂。卡繆在該評論中，否定暴力引發的革命，否定侵犯人性的一切行為。當時是世界和平出現危機的年代，也許活在當下的知識人覺得卡繆的主張過於溫和。再加上沙特在辯論方面又有卓越的技巧，卡繆陷入苦戰。

迷你作品傾向解說

追究不合常理的卡繆所謂的「反抗者」是…

卡繆也被稱為「不合常理與反抗的左派作家」。他作品的根幹中，可以看到想要認識、追究世界上「不合常理」的姿態，並且肯定人生。卡繆的作品中，描寫無法永存的人類之「生」，獨特的藝術世界。他認為不合常理是與理想的對立與分裂，還有糾葛。卡繆認為人類是超越這些不合常理的生之存在，保持理性面對不合常理即為「反抗」。

在他的散文『反抗者』中，卡繆深入考察反抗，對於革命也多有著墨。卡繆批判將歷史視為絕對的馬克斯主義，完全否定政治性的暴力。但是以此為開端，與批評卡繆思想的沙特之間，你來我往的激烈辯論。

『薛西弗斯的神話』對卡繆的作品造成很大的影響。故事是薛西弗斯受到眾神的命令，必須將大岩石推到山頂。但是當他通過險峻的山路時，大石頭突然滾落。卡繆在著作『薛西弗斯的神話』中，理論的展開、追究這個不合常理的哲學。沙特等人主張卡繆的『異鄉人』是『薛西弗斯的神話』的哲學翻譯。

著作介紹

「犯罪動機是煩燥」的始祖

書名：異鄉人
出版社：新潮社
作者：卡繆（譯者：窪田啟作）

第一句是「今天媽媽死了」，從有名的一行字開始的卡繆代表作，描述失去一貫理論性的主角莫梭，窮究對於不合常理的認識。當主角因殺人被逮捕，法庭問他動機時，他回答「因為太陽太眩目了」這個情節非常有名。

[異鄉人]～主角莫梭的自由傳說～

楚門・葛西亞・柯波帝

雙親離婚，在媽媽的老家，阿拉巴馬的鄉下度過少年時代。21歲時，以『蜜萬』獲歐亨利獎。被評為早熟的天才，人稱「驚人的孩子」。受到酒精與藥物中毒所苦，59歲時於好萊塢的朋友家中猝死。

頭腦
擁有
驚人的記憶力！
連對話都能
整個背下來。
嘴巴
擅長用說話術
吸引他人
也常說諷刺的話。
身體
喜歡打扮
但是以豪華
庸俗的服裝為中心。
腳
最喜歡跳舞！
是個喜歡引人注目的人。

本名
楚門・葛西亞・柯波帝

生卒年
1924年～1984年

出生地
美國 路易斯安那州 紐奧良

相關關鍵字
傑克・丹菲、同性戀、歌德浪漫、超現實主義、非小說、驚人的孩子、名流

illustration&comic 乾みく

獻給少女的♥好萌！的軼事

當時罕見公然出櫃！對於已婚男性一見鍾情！

柯波帝喜歡打扮，是個喜歡沐浴在眾人目光下的人，在同性戀不見天日的時代，他公開宣稱自己是Gay，是個蠻罕見的存在。也許是受到被母親拋棄的影響，他渴求愛情，在愛情表現上也總是全力以赴。柯波帝愛上了有妻兒的傑克・丹菲。兩人在朋友家相遇後，彼此都是一見鍾情。還一起到歐洲旅行，身心都有親密的交流。

最驚人的是，兩人的戀愛竟然受到家人的公開認同。柯波帝與傑克的妻子及孩子的感情也很好。柯波帝曾經因『第凡內早餐』一炮而紅，一度躋身名流，儘管後來失勢，傑克與柯波帝的愛依然持續著。對於柯波帝來說，傑克是獨一無二的情人，同時也是好友，他的理解者。

當柯波帝與傑克認識時，立刻就情投意合了。後來兩個人到義大利伊斯基亞島度假，在西西里島享受海水浴……過著人人稱羨的蜜月。柯波帝在旅行時寄出的信上讚美傑克「具備少見的洞察力，以及少見的堅強」，可見兩人相親相愛的樣子。和同為作家的傑克共同致力於執筆活動，除了小說之外，也著手於戲劇上。

迷你作品傾向解說

用各種不同的風格 表現少年纖細的心

變化萬千的柯波帝，會在每個不同的作品改變文章風格。在他的作品群之中，常常描寫孤寞難耐的主角，為尋求安住之地而徬徨的姿態。雖然柯波帝總是離不開誹聞，但是即使成年之後，在他的內心裡似乎還有一位「孤獨的少年」。用充滿自戀的話語，細膩的表現少年纖細的心靈，孕育出深入讀者肺腑的文章。

柯波帝寫出許多美麗的歌德羅曼史與超現實主義作品，但是以實際事件為題材的『冷血』也是他的代表作之一。據說他也是世界上第一位非小說的作家。另一方面，他也在許多作品中，執筆曝露交往名流們秘密的故事。柯波帝總喜歡氣派，也許這是他的惡作劇吧。

我都19歲了卻被冠上「enfant terrible」（驚人的孩子）真教人生氣！
太過份了嘛
笨蛋！19歲是大人啦！如果要冠稱號的話…
「驚人的成人」才對吧！
……好色哦
你這個醉鬼!!!!

柯波帝在19歲時寫了小說『蜜苒』，由於他的功力深厚，所以被稱為「驚人的孩子」。驚人的孩子原文為「enfant terrible」。enfant是「兒童」，terrible則是「驚人的」之意。這個詞來自尚．考克多的小說標題，意思是早熟，出乎大人意料之外的兒童。

著作介紹

超級名作搭配村上春樹的翻譯

ティファニーで朝食を
トルーマン・カポーティ 村上春樹 訳
Breakfast at Tiffany's
Truman Capote
Haruki Murakami

書名：第凡內早餐
出版社：新潮社
作者：楚門．柯波帝
（譯者：村上春樹）

同名電影也暢銷世界的中篇小說。村上春樹的翻譯也引起話題。新進女演員荷莉．葛萊麗與名流交往，華麗的悠遊在社交圈中。描寫自由奔放的荷莉，以及她身邊的男性。

『另外的呼聲，另外的屋子』

小說的內容是
少年喬爾的母親死亡後，被父親領養。
除了住在附近的雙胞胎姊妹之外，
還跟一些怪人們在一起，
住進老朽的房子Skully's Landing，
但是房子充滿謎團。

『住進充滿謎團的房子』。光是這個設定就夠棒的了，
作品中描述喬爾少年「五官過於端正，身材纖細，膚色白晰，有著褐色的大眼睛，
褐色的頭髮中混著不少金髮」，是名可愛的男子。絕對不會讓人錯過重點。真不愧是柯波帝。

本作的重頭戲在於各個與喬爾少年有關的『不可思議事件』。
母親逝世，為了前往素未謀面的父親的房子，喬爾帶著銀色皮箱出發。
好不容易抵達房子，等著他的是黑人少女密蘇里，雖然她歡迎喬爾的到來，不知怎的，
竟然一直無法與父親見面。甚至連話題都被岔開。父親明明收養我了！他忍不住想要吐嘈。
用餐時突然有顆紅色的網球從樓梯上滾下來，宅邸窗戶出現不應該存在的貴婦（？），
令人心跳急速的發展。

實際上，作者柯波帝也在4歲時與雙親分離，有著在親戚的家中輾轉來回的經驗。
可以用守護喬爾少年的觀點品味小說。也可以化身為房子裡的住戶，一起緊張萬分。
也可以將『喬爾少年』當成作者。品味本書的方式隨你決定，一定要看哦！

文學家年表

1400 / 1300 / 1200

西方

1266年左右
湯瑪斯．阿奎那作『神學大全』

1261年
東羅馬帝國復興

1204年左右
『尼貝龍根之歌』

1321年
但丁作『神曲』

1339年
百年戰爭爆發

1429年
聖女貞德突破奧爾良的包圍

1492年
哥倫布發現美國大陸

日本

鎌倉時代

1221年
『平家物語』

1205年
『新古今和歌集』

1280年
阿佛尼作『十六夜日記』

1212年
鴨長明作『方丈記』

1268年
北条時宗掌權

室町時代

1330年
吉田兼好作『徒然草』

1368年
足利義滿就任將軍

1400年
世阿彌作『風姿花傳』

1401年
中日開始貿易

1485年
山城國一揆

1800

西方

1808年
歌德作『浮士德』

1840年
鴉片戰爭爆發

1857年
波特萊爾作『惡之花』

1862年
雨果作『悲慘世界』

1870年
凡爾納作『海底兩萬里』

1837年
狄更斯作『孤雛淚』

1855年
安徒生作『沒有圖畫的繪本』

1864年
托爾斯泰作『戰爭與和平』

1871年
德意志帝國建國

1812年
格林兄弟作『格林兒童集』

1843年
愛倫坡作『黑貓』

1848年
二月革命

1865年
卡洛爾作『愛麗絲夢遊仙境』

日本

江戶時代

1802年
十返舍一九作『東海道中膝栗毛』

1814年
瀧澤馬琴作『南總里見八犬傳』

1825年
鶴屋南北作『東海道四谷怪談』

1853年
培里來航

明治

1867年
大政奉還

1872年
福澤諭吉作『勸學篇』

1700

1785年
薩德作『索多瑪120天』

1760年
英國工業革命

1789年
法國大革命

1763年
巴黎條約

1726年左右
斯威夫特作
『格列佛遊記』

1787年
寬政改革

1701年
赤穗事件

1732年
享保大饑荒

1783年
天明大饑荒

1703年
近松門左衛門作
『曾根崎心中』

1776年
上田秋成作
『雨月物語』

1600

1605年左右
賽凡提斯作
『唐吉訶德』

1697年
貝洛作
『鵝媽媽故事集』

1600年左右
莎士比亞作
『哈姆雷特』

1602年
東印度公司成立

江戶時代

1689年
松尾芭蕉作
『奧之細道』

1682年
井原西鶴作
『好色一代男』

1500

1532年左右
弗朗索瓦・拉伯雷作
『巨人傳』

1517年
宗教革命

安土桃山時代

1543年
鐵砲傳到日本

1532年
山崎宗鑑作
『犬菟玖波集』

1900~

1949年
慧內作
『竊盜日記』

1928年
洛夫克拉夫特作
『克蘇魯的呼喚』

1990年
東西德統一

1942年
卡繆作
『異鄉人』

1914年
第一次世界大戰

1948年
柯波帝作
『另外的呼聲，另外的屋子』

1916年
卡夫卡作『變形記』

1939年
第二次世界大戰

昭和

大正

1933年
谷崎潤一郎作
『春琴抄』

1924年左右
宮澤賢治作
『銀河鐵道之夜』

1915年
芥川龍之介作
『羅生門』

1897年
史托克作
『德古拉』

1871年
巴黎公社誕生

1879年
杜斯妥也夫斯基作
『卡拉馬助夫兄弟們』

1887年
道爾作
『血字的研究』

1873年
韓波作
『地獄一季』

1888年
王爾德作
『快樂王子』

1883年
史蒂文生作
『金銀島』

1895年
樋口一葉作
『比肩』

1890年
森鷗外作
『舞姬』

1887年左右
二葉亭四迷作
『浮雲』

1889年
頒布大日本帝國憲法

1877年
西南戰爭

My文學家診斷

該從哪一本書讀起呢……如果你有這樣的困擾，不妨做一下這個YES．NO診斷吧！只要回答問題，就能找出最適合你的文學家！說不定可以遇上很棒的文學家哦？

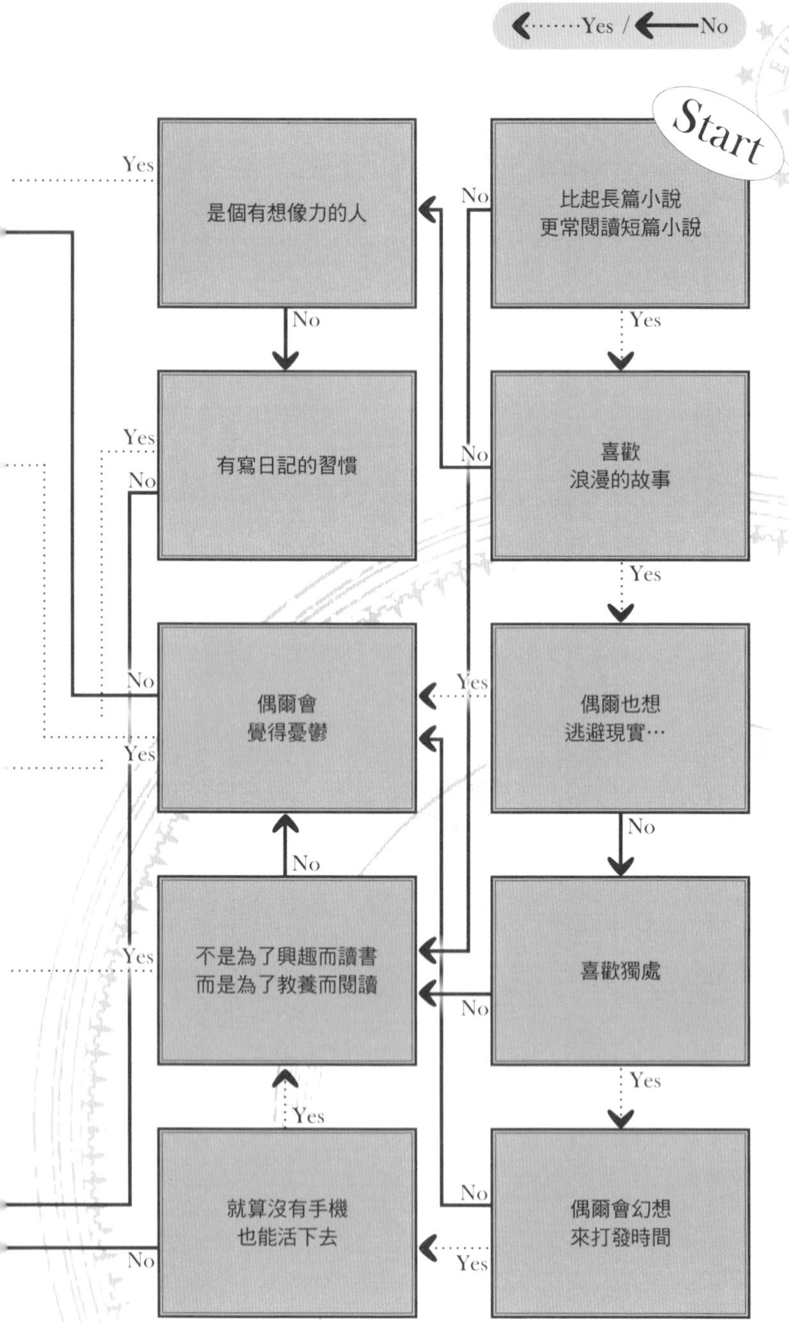

Yes / No
Start
比起長篇小說
更常閱讀短篇小說
是個有想像力的人
喜歡
浪漫的故事
有寫日記的習慣
偶爾也想
逃避現實…
偶爾會
覺得憂鬱
喜歡獨處
不是為了興趣而讀書
而是為了教養而閱讀
偶爾會幻想
來打發時間
就算沒有手機
也能活下去

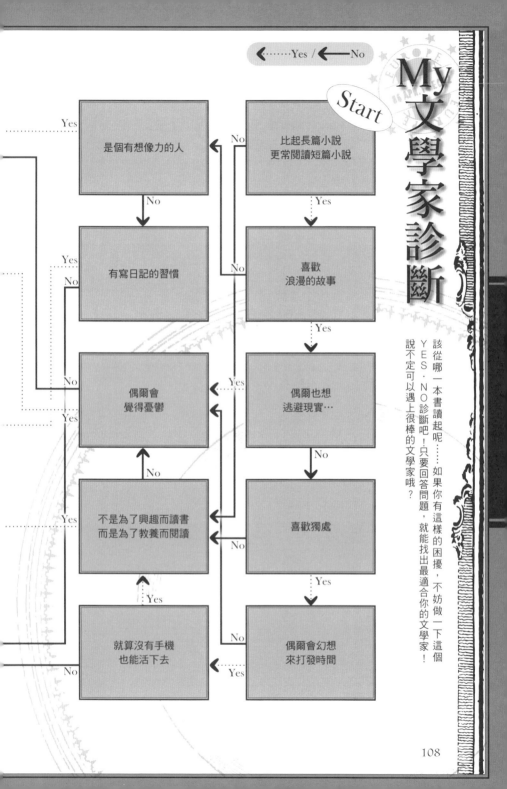

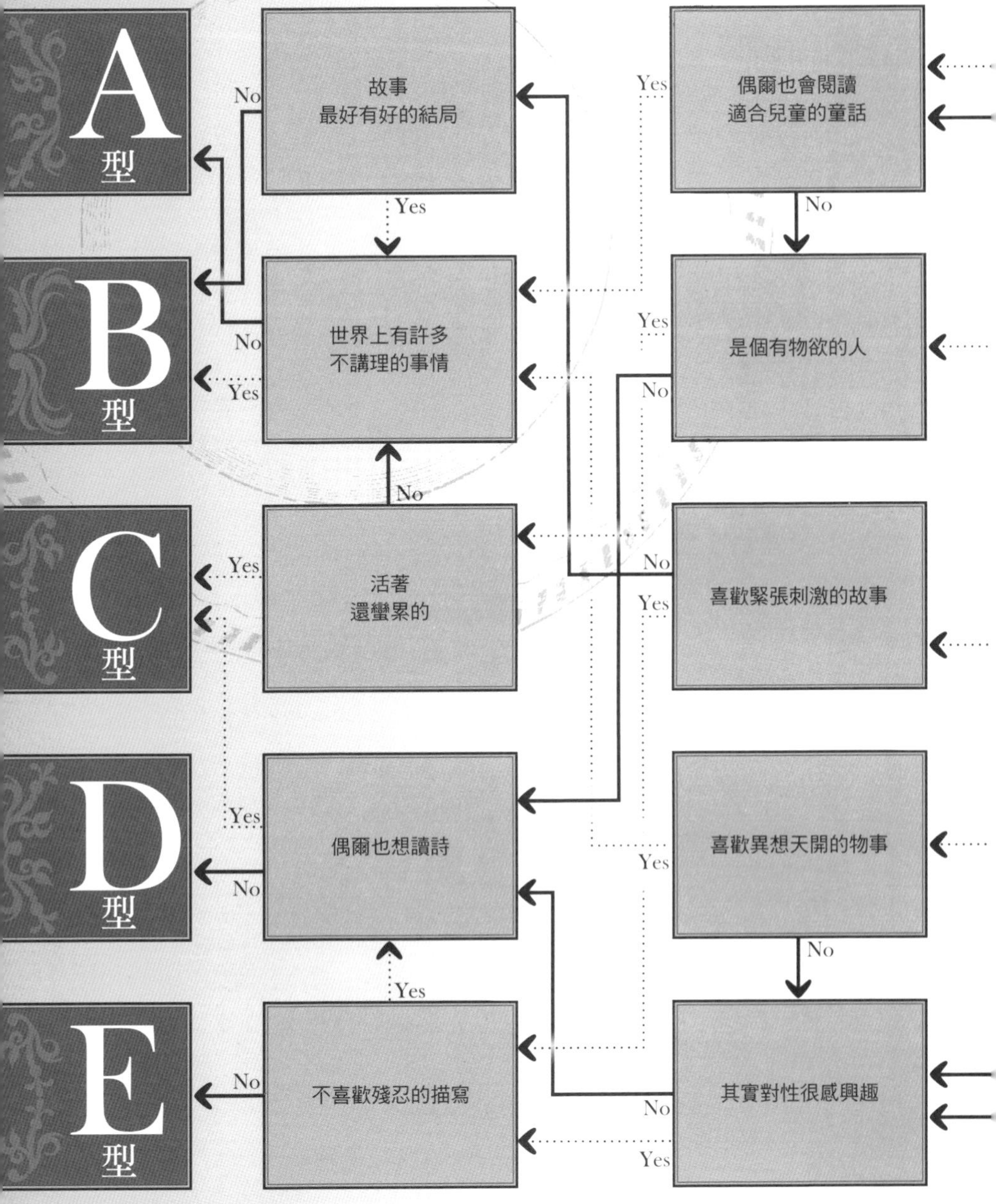

A型

B型

C型

D型

E型

故事
最好有好的結局

世界上有許多
不講理的事情

活著
還蠻累的

偶爾也想讀詩

不喜歡殘忍的描寫

偶爾也會閱讀
適合兒童的童話

是個有物欲的人

喜歡緊張刺激的故事

喜歡異想天開的物事

其實對性很感興趣

No Yes No Yes Yes No No Yes Yes No No Yes No Yes No Yes No Yes

往下一頁GO!!

選A的你是……
查爾斯．狄更斯型

想要知道更多有關於他的事情
往40P GO！

**「只要認真活著，
最後一定會得到幸福……應該吧！」**

我想你應該不喜歡悲劇或是艱澀的書，最好是可以開開心心讀到最後的書吧。我的『孤雛淚』正是如此。這是一個男子超越困苦的境遇，得到幸福的故事。我想你讀完一定會覺得很舒坦。只要努力一定會得到相當的回報！……嗯！應該會這樣吧。一定是這樣哦！關於弟弟的事，現在就先別想吧…。

想要知道更多有關於他的事情
往86P GO！

選B的你是……
法蘭茲．卡夫卡型

**「不要著急。慢慢的，慢慢的，
追究人生的不合常理」**

你擁有冷靜看人生的目光。這樣的你，也許可以看見隱藏在這個世界上的矛盾與不合常理。只要發現這些事，每天的生活似乎顯得越來越難熬了。如果你願意的話……不妨讀一下我寫的『變形記』吧。也許書裡表現了你所感受的心情。對不起，我的表現比較難懂了一點……？

選C的你是……
阿蒂爾．韓波型

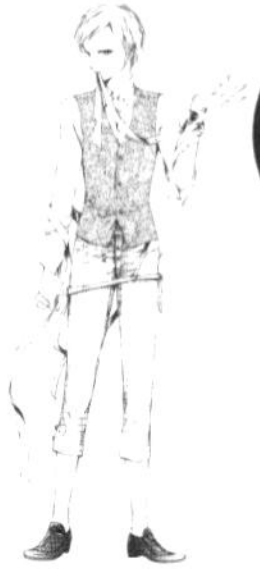

想要知道更多有關於他的事情
往74P GO！

**「訣別吧訣別！ 不管是文學，
還是讓人火大的傢伙，訣別的時刻到了！」**

唉……不管是哪一個，都是無可救藥的傢伙啊！就算不是說你，這個世界上還是讓人覺得好煩哦。有的人可以面不改色的說謊，有人激動就開槍……我並不是在指某個人啦。如果你覺得非常沮喪的話，讀一下我的『地獄一季』，思考一下自己應該和什麼「訣別」，才能活得比現在還好吧！

想要知道更多有關於他的事情
往54P GO！

選D的你是……
列夫．托爾斯泰型

**「我們有太多不必要的事物……
如果不從物質主義逃亡的話……（喃喃自語）」**

覺得擁有什麼東西好累哦……。對你來說，真正必要的只有我的書而已……你可以讀『安娜．卡列尼娜』，從被戀情玩弄的女子人生中學到教訓，也可以讀『戰爭與和平』，認真思考什麼是和平……其他東西都可以捨棄……（喃喃自語）。首先就從將你坐的漂亮椅子，換成樹幹開始吧！

選E的你是……
薩德侯爵型

想要知道更多有關於他的事情
往14P GO！

**「來吧！拋棄一切，
為快樂而活吧！」**

我懂的…你已經對日常生活感到厭倦了。我要對你說！你打算逃避到什麼時候呢？首先讀我的著作『閨房哲學』，學習你所不知的「性」的真面目吧。接下來…你應該懂的吧？儲備知識之後，實踐是不可或缺的。拿出勇氣，到我這裡來吧！

主要參考文獻

『但丁』R.W.B. Lewis 譯者：三好みゆき（岩波書店）
『睡美人──全譯貝洛民間故事集』夏爾・貝洛 譯者：巖谷國士（講談社）
『全譯貝洛童話集』夏爾・貝洛 譯者：新倉朗子（岩波書店）
『「唐吉訶德」事典』樋口正義、本田誠二、坂東省次、山崎信三、片倉充造：編（行路社）
『迷你評傳系列 賽凡提斯』P.E. Russell 譯者：田島伸悟（教文館）
『美德的不幸（上・下）』薩德侯爵 譯者：澀澤龍彥（河出書房新社）
『短篇集 愛之罪』薩德侯爵 譯者：植田祐次（岩波書店）
『歌德與貝多芬 巨匠們的知名友情』青木やよひ（平凡社）
『迷你評傳系列 歌德』T.J. Reed 譯者：筑和正格（教文館）
『格林兄弟的童話』Heinz Roelleke 譯者：小澤俊夫（岩波書店）
『格林兄弟／童話深層』鈴木晶（講談社）
『悲慘世界（全4冊）』維克多・雨果 譯者：豐島與志雄（岩波書店）
『安徒生的生平』山室靜（新潮社）
『安徒生自傳 我的生平故事』漢斯・克利斯丁・安徒生 譯者：大畑末吉（岩波書店）
『黑貓・莫爾格街兇殺案及其他5篇』愛倫・坡 譯者：中野好夫（岩波書店）
『艾德嘉・愛倫・坡的世紀 誕生200周年紀念必備』八木敏雄、巽孝之（研究社）
『狄更斯小事典』松村昌家（研究社）
『小氣財神』狄更斯 譯者：池央耿（光文社）
『波特萊爾傳』Henri Troyat 譯者：沓掛良彥、中島淑惠（水聲社）
『惡之花』夏爾・波特萊爾 譯者：杉本秀太郎（彌生書房）
『永遠的杜斯妥也夫斯基──生病的才能』中村健之介（中央公論新社）
『杜斯妥也夫斯基』江川卓（岩波書店）
『人與思想162 托爾斯泰』八島雅彥（清水書院）
『托爾斯泰民間故事集 呆子伊凡及其他八篇』托爾斯泰 譯者：中村白葉（岩波文庫）
『地心歷險記』儒勒・凡爾納 譯者：朝比奈弘治（岩波書店）
『海底兩萬里』儒勒・凡爾納 譯者：荒川浩充（東京創元社）
『愛麗絲夢遊仙境』路易斯・卡洛爾 譯者：河合祥一郎（角川書店）
『「愛麗絲夢遊仙境」的誕生──路易斯・卡洛爾及其生平』
Stephanie Lovett Stoffel 監修：笠井勝子 譯者：高橋宏（創元社）
『攝影師路易斯・卡洛爾』Helmut Gernsheim 譯者：人見憲司、金澤淳子（青弓社）
『吸血鬼德古拉』布拉姆・史托克 譯者：中ぞの蝶子（ポプラ社）
『金銀島』羅伯特・L・史蒂文生 譯者：寺島龍一、坂井晴彥（福音館書店）
『韓波、101年』（思潮社）
『韓波全詩集』阿蒂爾・韓波 譯者：宇佐美齊（筑摩書店）
『奧斯卡・王爾德的生平』山田勝（日本放送出版協會）
『快樂王子──王爾德童話全集』奧斯卡・王爾德 譯者：西村孝次（新潮社）
『我的回憶與冒險 柯南・道爾自傳』柯南・道爾 譯者：延原謙（新潮社）
『精靈現身──科丁利精靈事件』亞瑟・柯南・道爾 譯者：井村君江（あんず堂）
『隔壁的卡夫卡』池內紀（光文社）
『變形記／審判及其他2篇』卡夫卡 譯者：丘澤靜也（光文社）
『克蘇魯 黑暗默示錄』H・P・洛夫克拉夫特 大瀧啟裕：編（青心社）
『圖解 克蘇魯神話』森瀨繚（新紀元社）
『女僕／陽台』尚・惹內 譯者：渡邊守章（岩波書店）
『竊盜日記』尚・惹內 譯者：朝吹三吉（新潮文庫）
『人與思想 阿爾貝・卡繆』井上正（清水書院）
『阿爾貝・卡繆 回憶錄』Jean Grenier 譯者：大久保敏彥（國文社）
『異鄉人』阿爾貝・卡繆 譯者：窪田啟作（新潮社）
『夜樹』楚門・柯波帝 譯者：川本三郎（新潮社）
『柯波帝』Gerald Clarke 譯者：中野圭二（文藝春秋）
『鷗外的「舞姬」』角川書店：編（角川書店）
『年表作家讀本 芥川龍之介』鷺只雄（河出書房新社）
『人與文學系列 谷崎潤一郎』川端康成、井上靖：監修 北杜夫及其他：編（學習研究社）
『森鷗外 明治人的生活方式』山崎一穎（筑摩書房）
『宮澤賢治論 人與藝術』恩田逸夫 原子朗、小澤俊郎：編（東京書籍）

TITLE

文學男子

STAFF

出版　三悅文化圖書事業有限公司
編著　一迅社
譯者　侯詠馨

總編輯　郭湘齡
文字編輯　王瓊苹　林修敏　黃雅琳
美術編輯　李宜靜
排版　執筆者設計工作室
製版　明宏彩色照相製版股份有限公司
印刷　紘億彩色印刷股份有限公司
法律顧問　經兆國際法律事務所　黃沛聲律師

代理發行　瑞昇文化事業股份有限公司
地址　新北市中和區景平路464巷2弄1-4號
電話　(02)2945-3191
傳真　(02)2945-3190
網址　www.rising-books.com.tw
e-Mail　resing@ms34.hinet.net

劃撥帳號　19598343
戶名　瑞昇文化事業股份有限公司

初版日期　2012年5月
定價　250元

ORIGINAL JAPANESE EDITION STAFF

カバーイラスト　高山しのぶ
本文イラスト&コミック　乾 みく（P6・74・102）／高野 弓（P24・44・58・90・98）／田倉トヲル（P86）／千歳あめ（P14・54）／D・キッサン（P8・22・32）／夏珂（P64）／パトリシアーナ菊池（P12・28・40・78・92）／柳瀬りょう（P60）／やましろ梅太（P48・70）／yoco（P36・38・52・82・84・96）／吉本ルイス（P18・66・カバー下）

執筆　石川明里／南奈実
デザイン　imagejack／團 夢見／鈴木 恵
編集協力　ユークラフト／石川明里
担当編集　桑子麻衣（ポストメディア編集部）
協力（順不同）　月刊コミックZERO-SUM編集部
丸山章司
君島彩子
本間由香里

國家圖書館出版品預行編目資料

文學男子／一迅社編著；侯詠馨譯. -- 初版. --
新北市：三悅文化圖書，2012.05
112面；14.8x21公分

ISBN 978-986-5959-03-6 (平裝)

1. 作家　2. 世界傳記　3. 漫畫

781.054　　101007542